THÈSE

POUR

LE DOCTORAT.

DU PRÊT A INTÉRÈT.

Populus sine lucro vivere non potest.
Paroles des Ministres de S. Louis.

Il faut payer pour le prêt et pour le
danger des peines de la loi.

(Montesquieu, *Esprit des Lois.*)

THÉSE

POUR

LE DOCTORAT.

A mon Père.

C.

DU PRÊT A INTÉRÊT.

THÈSE

pour

LE DOCTORAT

En exécution de la loi du 22 ventôse an XII,

SOUTENUE

Par M. de ROMEU (François),

AVOCAT,

Né à Perpignan (Pyrénées-Orientales).

Populus sine munco vivere non potest.

(*Paroles des Ministres de S. Louis.*)

Il faut payer pour le prêt et pour le danger des peines de la loi.

(MONTESQUIEU, *Esprit des Lois.*)

TOULOUSE

E. CONNAC & DARBAS, IMPRIMEURS-LIBRAIRES

Rue des Balances, 43, et place du Capitole, 2° arcade.

1861

Président : M. Molinier.

Suffragants :
{
M. Chauveau,
M. Dufour,
M. Demante,
M. Ginoulhiac,
} professeurs.

INTRODUCTION.

Le prêt à intérêt est, sans contredit, de tous les
contrats, celui qui a subi les fortunes les plus diverses. A toutes les époques de l'histoire il a servi
de matière aux controverses des hommes. Tantôt
triomphant, il est placé par les lois au nombre des
contrats basés sur le droit naturel, la justice et l'utilité à la fois ; tantôt sévèrement proscrit comme contraire à la raison et à la morale, il est puni comme
un crime au premier chef. Sa légitimité, de tous
temps contestée, l'est encore aujourd'hui, et si notre
Code civil le reconnaît, il a été prohibé en France
jusqu'en 89 !

La légitimité du prêt une fois admise, surgit un grave problème : La loi doit-elle fixer le taux de l'intérêt ? Y a-t-il un intérêt juste et un intérêt injuste ? Des solutions opposées sont données, suivant le point de vue où se placent les esprits ou les lois. Les uns, au nom de la liberté des transactions, laissent les parties maîtresses d'en fixer le taux ; d'autres, restreignant ici la liberté des contrats, prétendent que l'utilité sociale exige impérieusement une barrière que les conventions privées ne puissent franchir.

D'où vient ici cette diversité dans les opinions des hommes et dans les lois ? Pourquoi le prêt a-t-il soulevé tant d'enthousiasmes et tant d'injures ? Pourquoi a-t-il eu tant de triomphes et de défaites ? Ne nous en étonnons pas, en songeant que la matière du prêt, c'est l'argent, moyen universel d'échange, intermédiaire indispensable à l'homme pour se procurer les choses nécessaires à la vie du corps et à la vie de l'esprit. Les questions que soulève le prêt à intérêt sont au premier plan dans l'économie des sociétés ; il étend son influence sur l'homme physique et sur l'homme moral : source de richesse, il peut devenir une source de ruine ; il peut donner lieu à la bienfaisance ou à la cupidité ; il peut servir de justes causes ou servir les passions mauvaises ; auxiliaire naturel du commerce et de l'industrie, il peut les rendre florissants ou les engloutir dans un courant terrible ; on a dit de lui avec raison, qu'il est semblable au vin, l'usage en est salutaire, l'excès funeste (1). Aussi le prêt à intérêt n'est-il pas matière

(1) M. Troplong, Traité du prêt.

seulement de Droit, mais encore de toutes les sciences qui s'occupent de l'homme : la philosophie, la religion, la politique, l'économie sociale, ont, à toutes les époques, revendiqué leur part dans l'étude; leurs solutions, toujours exclusives, sont bien différentes. L'économie politique d'Aristote a proscrit le prêt à intérêt au nom de la stérilité matérielle de l'argent; la philosophie antique, témoin de l'exploitation de l'homme par son semblable, l'a proscrit au nom de la dignité humaine outragée; les Pères de l'Église, faisant de la bienfaisance un précepte, l'ont proscrit au nom de la charité et du mépris des richesses; des jurisconsultes respectés l'ont attaqué par des subtilités; l'économie sociale moderne l'admet au nom des besoins matériels des peuples, et veut qu'il s'exerce sans entraves. Suivant les temps et suivant les lieux, les lois l'adoptent ou le prohibent, lui laissent liberté complète dans son exercice ou le soumettent à un *maximum*.

I.

Pour nous, hommes du dix-neuvième siècle, qui pouvons à peine nous croire séparés par quelques années seulement du temps où le prêt à intérêt était prohibé en France, nous n'avons pas besoin de longs raisonnements pour nous convaincre de sa légitimité ; un coup d'œil jeté sur l'homme, ses droits, ses besoins, nous suffit.

Le droit de propriété ne serait qu'un vain mot, si l'homme n'avait pas la faculté de disposer comme il l'entend de ce qui lui appartient. L'utilité des choses, objet de ce droit, que les jurisconsultes appellent *les biens,* et l'économie politique, *la richesse,* peut être perçue par le propriétaire lui-même, ou transférée par lui à un autre homme, moyennant un prix. Dans ce dernier cas, un contrat commutatif, basé sur un intérêt réciproque, intervient entre celui qui livre sa chose et celui qui la reçoit. Le Droit civil règlemente cette convention et lui donne des noms et des effets spéciaux, suivant la nature de la chose dont l'utilité est transférée; le mécanisme de l'opération pourra différer, mais le but sera le même; il y aura toujours les mêmes éléments qui peuvent servir de base légitime à tout contrat : services rendus par l'un, payés par l'autre.

C'est ainsi que le propriétaire d'un fonds de terre peut, sans le cultiver lui-même, jouir de la faculté productive qui est en lui, au moyen du contrat de louage. A côté de la terre sans bras, se trouvent les bras sans terre; un intérêt réciproque amène à un contrat le bailleur et le preneur. Le premier, tout en retenant la propriété et la possession de son immeuble, met le second à même d'en percevoir les fruits; celui-ci lui sert une redevance annuelle. Voilà un contrat dont la légitimité n'a jamais été mise en doute : il y a service rendu par le bailleur, payé par le preneur.

De même le propriétaire d'un capital sous sa forme la plus commode, la plus acceptée, le numéraire, doit pouvoir, sans le faire valoir lui-même dans l'agriculture ou dans l'industrie, jouir de la faculté productive qui est en lui, et en percevoir un revenu. A côté du capitaliste se trouve le travailleur sans argent : le contrat de prêt intervient entre eux : le capitaliste livre la propriété de ses écus au travailleur, celui-ci s'engage à rendre une somme identique et, en outre, à payer jusqu'à restitution une redevance annuelle. Il y a ici les mêmes éléments que dans le contrat de louage; cession moyennant un prix de l'avantage qu'on peut retirer de l'exploitation d'un capital fixe dans le premier cas, d'un capital circulant dans le second : service rendu par le prêteur, payé par l'emprunteur.

Les deux opérations sont légitimes et légitimes au même titre ; le droit de propriété du bailleur est le même que celui du prêteur. Le capital de l'un et de l'autre est du travail accumulé; c'est le fruit de l'activité de son propriétaire ou de ses ancêtres; c'est le résultat de l'économie qui n'a pas été consommé et qui se trouve en réserve; c'est la rémunération de la fatigue passée qu'on aurait pu ne pas s'imposer. Si le louage est légitime, le prêt à intérêt l'est également.

C'est le prix du service rendu par le prêteur à l'emprunteur qui prend le nom d'*intérêt*.

Analysant la nature de l'intérêt, on reconnaît qu'il se compose de deux éléments :

1° *Le loyer du capital.* En se dessaisissant de ce capital, le prêteur s'impose une privation; il doit y avoir une compensation. L'emprunteur obtient les avantages attachés à la possession d'un capital qui lui permettront de faire fructifier son travail et de devenir propriétaire à son tour; ces avantages il doit les payer, c'est juste et naturel; le contrat est profitable à tous les deux.

Il faut reconnaître, toutefois, que l'expression *loyer de capitaux*, employé dans le monde et par les économiques est juridiquement impropre; le prêt, en effet, nous l'avons vu plus haut, diffère du louage par la nature de la chose dont l'utilité est transférée. Pour en transférer l'utilité, il faut, par cela même, en transférer la propriété; mais la nature du service rendu est la même : dans l'un et dans l'autre contrat, il y a base légitime à la perception d'un prix.

2° *La prime d'un risque* de non-remboursement ou de remboursement partiel que le prêteur court ou croit courir. Bien différent du propriétaire foncier qui donne à bail son immeuble et qui est toujours assuré de le ressaisir dans son identité, le capitaliste aliène véritablement son argent; il court tous les hasards de l'insolvabilité ou de la solvabilité partielle de l'emprunteur; il livre aux chances du commerce et de l'industrie, et de la bonne ou de la mauvaise foi, des capitaux qu'il pourrait confier à la terre, prête à les recevoir, pour les lui rendre avec profit. Il se prive de la douce sécurité de fortune des propriétaires fonciers pour livrer son bien à des mains peut-être imprudentes ou malheureuses. S'il consent à courir tous ces dangers, n'a-t-il pas le droit d'exiger un dédommagement?

Voilà les éléments qui établissent la *légitimité de*

l'intérêt, légitimité qui n'est plus contestée aujourd'hui que par des paradoxes de Proudhon; je dirai plus loin quelques mots de son étrange théorie de la gratuité du crédit.

Voyons, suivant l'ordre chronologique, les attaques auxquelles le prêt à intérêt a été en butte et les critiques qu'il a soulevées.

L'origine du prêt à intérêt se perd dans la nuit des temps. Sans dire avec Saumaise (1) qu'il était déjà pratiqué lorsque les hommes, vivant dans la forêt de Dodone s'y nourrissaient de glands, on est fondé à croire qu'il pénétra comme contrat du droit naturel dans l'économie des peuples dès que, secouant les langes de la barbarie première, ils arrivèrent à la conception de la monnaie. Le prêt, en effet, est la forme la plus simple du crédit, besoin irrésistible qui se manifeste dans toutes les sociétés, aussi bien dans les sociétés en enfance que dans celles qui sont arrivées à un haut degré de civilisation. Le jurisconsulte Marcien, au Digeste (2), le met sur la même ligne que les autres contrats du Droit des gens, tels que l'échange et la vente.

L'histoire nous atteste qu'il fut pratiqué par tous les peuples de l'antiquité : chez les Juifs seuls, il fut en butte à une prohibition relative.

Les antiques nations côtières de la Méditerranée, les Egyptiens, Phéniciens, connurent le prêt à intérêt et en firent un fréquent usage.

Les traditions Gauloises, rapportées par César,

---

(1) De Usuris, chap. X, p. 269.
(2) Loi XV, Dig. de Interd. et relegat.

prouvent que nos ancêtres le connaissaient aussi; ils plaçaient sous la protection de Mercure les modes d'exercer l'argent : *Mercurium ad quæstus pecuniæ vim maximam habere* (1).

Athènes pratiqua le prêt; les contractants jouissaient d'une liberté illimitée, proclamée par les lois de Solon. L'intérêt usuel était fort élevé : il variait de 12 à 18 p. % pour le prêt terrestre, et allait jusqu'à 30 p. % pour le prêt maritime. Ce taux, qui nous paraît si exorbitant aujourd'hui, s'explique par la rareté de l'argent et les conditions du crédit à une époque si reculée. Du reste, voyageurs aventureux, commerçants intrépides, les Athéniens réalisaient des bénéfices qui leur permettaient de supporter un intérêt qui eût été mortel pour un peuple placé dans d'autres conditions économiques. Malgré une si grande élévation du taux de l'intérêt, malgré la dureté du sort des débiteurs (2), l'histoire ne rapporte pas que l'usure ait été à Athènes, comme elle le fut plus tard à Rome, une source de dissensions et de discordes.

Corinthe se lança à pleines voiles dans le prêt maritime. La difficulté d'aborder ses deux ports, l'un recevant les marchandises d'Asie, l'autre celles

(1) César, de Bello gallico, VI, 17.

(2) Le peuple tout entier était endetté auprès des riches. Là le débiteur labourait pour son créancier et lui rendait le 1/6e du produit : c'étaient eux qu'on appelait sixenaires et mercenaires ; d'autres empruntaient sur le gage de leur personne et, adjugés à leurs créanciers, restaient esclaves à Athènes ou étaient vendus en pays étranger. (Plutarque, *Vie de Solon.*)

d'Italie, en faisait hausser le taux dans des proportions énormes.

Quant à Lacédémone, tant que les lois de Lycurgue furent en vigueur, le prêt à intérêt n'y fut pas
connu. De quelle utilité pouvait-il être dans une
société ne connaissant qu'une monnaie, que sa lour-
deur rendait impraticable ? D'ailleurs le commerce
était dédaigné, les biens étaient presque en commun,
et un peuple guerrier restait indifférent à l'acquisition des richesses. Mais quand les lois de Lycurgue
tombèrent en désuétude, qu'une monnaie courante
et légère passa dans les mains des Spartiates, le prêt
fut pratiqué comme dans les autres républiques
Grecques.

Nous verrons plus tard les dissensions et les discordes dont le mal usuraire, *fœnebre malum*, fut la
source dans la société Romaine : Je note ici seulement
que le prêt à intérêt y fut toujours permis ; la loi
Genucia seule voulut le proscrire, mais si cette loi
dont Tite-Live ne parle qu'avec une réserve dubitative a réellement existé, elle n'a eu qu'une durée
éphémère.

Les théologiens et les jurisconsultes du Moyen-
Age, soulevés contre le prêt à intérêt et voulant le
banir du nombre des contrats de droit naturel, ont
cherché des arguments contre lui dans une prohibition partielle, édictée par la loi de Moïse. Il est vrai
que le grand Législateur de la Judée défendit sévèrement le prêt à intérêt entre Hébreux ; mais il le
leur permit vis-à-vis des étrangers. « *Non fœnerabis
fratri tuo ad usuram pecuniam*, dit le Deutéronôme,
chap. 23, *nec quamlibet aliam rem, sed alienigenæ.* »

Cette loi à double face, est une preuve que la morale de Moïse ne voyait pas dans le prêt une chose blâmable en soi et qu'elle ne le défendit pas entre Hébreux, au point de vue d'une considération abstraite de l'intérêt : Son but était un but politique et religieux, étranger à la légitimité du contrat qui nous occupe. — Isolé au milieu de peuples plus puissants que lui, le peuple Juif ne pouvait se soutenir que par son unité et l'esprit de protection mutuelle de ses membres : Ce n'est que par la fraternité qu'il pouvait vivre jusqu'à la venue du Messie et conserver, au sein de l'idolâtrie universelle, le dépôt des vérités divines. Le but de Moïse, en édictant la gratuité du crédit, était de fonder une société de frères, une société parfaite où le riche fût bienfaisant et le pauvre secouru : En prohibant le prêt à intérêt, il retrancha du sein de son peuple un germe de discordes et de sentiments malveillants.

Du reste, les lois Hébraïques sont des lois surhumaines, que Moïse disait inspirées par les conseils de la sagesse divine : la défense du prêt à intérêt entre Hébreux devait se trouver dans un code qui édictait l'abolition des dettes tous les sept ans, dans l'année Sabbatique et faisait de la charité un devoir impérieux. Voilà des préceptes de morale qu'aucune loi positive ne saurait prendre pour règle et déclarer obligatoires. C'est parmi ces dispositions, dont j'ai indiqué le but, que se place la défense du prêt à intérêt entre frères; elles se rattachent à un système de règles spéciales au peuple Juif: C'est ce que dit Bossuet, qui n'est pas suspect en matière de prêt à intérêt, puisqu'il se fit juriconsulte pour le combat-

tre : « Quant à ce nombre d'observances dont Moïse
à chargé les Hébreux, encore que maintenant elles
nous paraissent superflues, elles étaient alors nécessaires pour séparer le peuple de Dieu des autres
peuples, et servaient comme de barrière à l'idolatrie,
de peur qu'elles n'entraînassent ce peuple choisi avec
tous les autres. » (*Hist. univ.*)

Et cependant, malgré l'unanimité des nations de
l'antiquité dans la pratique du prêt à intérêt, malgré
l'unanimité des législations qui le permirent, la philosophie ancienne s'exprime contre lui par la bouche de ses plus illustres représentants. Aristote,
Cicéron, Caton, Sénèque et Plutarque le représen-
sent comme répugnant à la nature et à la raison, et
violant les lois de l'honnêteté ! Aristote écrit dans son
Économie politique que l'intérêt est illégitime, parce
que l'argent est stérile :

Cicéron dans ses *Devoirs* dit que le prêt à intérêt
est chose odieuse et vile (1).

Caton met le prêteur à intérêt au nombre des vo-
leurs et le compare à un assassin. Qui ne connaît sa
célèbre imprécation contre l'usure. *Quid fœnerari !
Quid hominem occidere ?*

Sénèque rejette le prêt à intérêt du nombre des
transactions légitimes et flétrit les lois qui l'autorisent :
*Quid fœnus et kalendarium, et usura nisi humanæ
cupiditatis extra naturam quasita nomina ? Quid sunt
istæ tabulæ, quid computationes et venale tempus et*

(1) Primum improbantur i quastus, qui in odia hominum in-
currunt, et fœneratorum. (Sic. Cicéron., liv. I. De Officiis.)

sanguinolentæ centesimæ? Volontaria mala ex constitu-tione nostrâ pendentes. (De benef., liv. VII, chap. 10.)

Plutarque compose un traité spécial contre le prêt, *de vitando ære alieno :* « Quoi ! dit-il, vous êtes hommes, vous avez des pieds, des mains et vous dites que vous ne savez de quoi vous nourrir. Les fourmis ne prêtent ni n'empruntent : elles n'ont cependant ni mains, ni art, ni raison. Mais elle vivent de leur travail, parce qu'elles se contentent du néces-saire : si on voulait se contenter du nécessaire, il n'y aurait pas plus d'usuriers qu'il n'y a de Centaures. »

Cette conjuration des philosophes et des Sages de l'antiquité contre le prêt à intérêt eut sa source dans la pitié que leur inspiraient les désastres cau-sés par une usure sans frein. Sans doute, émus par des misères dont une avidité insatiable les rendait les témoins, ils élevèrent la voix en faveur de pauvres et des opprimés : mais ne distinguant pas le vrai du faux, la justice de l'abus, ils firent remonter jusqu'au prêt lui-même, des accusations imméritées.

Ces anathèmes d'ailleurs, quelque éloquents qu'ils puissent être, il est permis, l'histoire à la main, d'en discuter la sincérité. La vie et les habitudes d'Aris-tote, de Cicéron, de Caton et de Sénèque leur donnent d'étranges démentis et semblent prouver que les déclamations de ces sages n'avaient qu'un but : la popularité !

Ainsi appartenait-il à Aristote de nier la fécondité de l'argent, lui qui puisait à pleines mains dans les trésors d'Alexandre ? Et d'anathématiser le prêt, à Cicéron, qui, nommé proconsul de la Cilicie y faisait valoir son argent à 12 p. %? Au farouche Caton qui

pratiquait le plus lucratif de tous les modes d'exer
cer l'argent, l'usure maritime (1) et proposait comme
modèle à ses enfants l'homme assez habile pour
doubler sa fortune (2) ? A l'austère Sénèque, qui, s'il
faut en croire Tacite, vantait à Néron ses immenses
richesses acquises par l'usure (3) ?

De toutes ces opinions des philosophes antiques
sur le prêt à intérêt, une seule mérite d'être bien
connue, c'est celle d'Aristote le disant illégitime,
parce que l'argent est stérile! C'est ce sophisme,
cette vaine subtilité que le Moyen-Age accepta sans
discussion sur la parole du maître, et qui commenté
dans les chaires des docteurs, des théologiens et des
jurisconsultes, amena la prohibition formelle du prêt
à intérêt. Voici comment Aristote dans sa Politique
expose cette erreur économique qui provoqua sur
l'intérêt et la nature de l'argent des idées dont il a
fallu des siècles pour vaincre la fausseté :

« L'acquisition des biens étant double, c'est-à-dire
à la fois commerciale et domestique, celle-ci nécessaire et estimée à bon droit, celle-là méprisée non
moins justement, comme n'étant point naturelle et
ne résultant pas du colportage des objets, on a sur-

(1) Mais à la fin, il devint un peu trop âpre et trop ardent à
acquérir et abandonna le labourage, disant que l'agriculture était
de plus grande délectation que de grand profit. Davantage, il
presta son argent à usure et encore à usure maritime qui est la
plus réprouvée et la plus blasmée de toutes. (Plut., *Vie de Caton*,
trad. d'Amyot.)

(2) L'homme admirable, dit-il, l'homme divin et le plus digne
de gloire, c'est celui qui prouve par ses comptes qu'il a acquis
plus de biens dans sa vie que ne lui en avaient laissé ses pères.

(3) Tam lato fœnore exuberat. (Tacite, *Annales XIV*.)

tout raison d'exécrer l'usure, parce qu'elle est un mode d'acquisition né de l'argent lui-même et ne lui donnant pas la destination pour laquelle on l'avait créé. L'argent ne devrait servir qu'à l'échange, et l'intérêt qu'on en tire le multiplie lui-même comme l'indique assez le nom que lui donne la langue grecque. Les pères sont ici absolument semblables aux enfants, l'intérêt est de l'argent issu d'argent, et c'est de toutes les acquisitions celle qui est le plus contre nature. » (Traduction de M. Barthélemy-St-Hilaire.)

Cet argument de la stérilité de l'argent est vraiment inintelligible et la soumission intellectuelle du Moyen-Age à la parole de celui qu'il appelait son oracle pouvait seule le faire accepter. L'argent n'est pas plus frappé de stérilité que tous les autres objets de la propriété de l'homme. Sans doute il ne produit pas de lui-même, *ex visceribus suis ;* deux écus n'en engendrent pas matériellement un troisième; mais il en est ainsi de toute chose ici-bas, il n'y a de productif que ce qui est fécondé par le travail ou utilisé par des besoins qui payent pour se satisfaire.

Les descriptions des poètes peuvent seules montrer la terre se couvrant d'épis sans que la charrue ait creusé ses sillons; mais sans le travail que produirait-elle? sinon des ronces et de l'ivraie? quel serait le produit d'une maison, si l'intempérie des saisons n'obligeait à la louer? De même l'argent est productif d'une utilité qui se paye.

Il féconde le travail ; cette utilité a son prix, elle féconde à son tour. Et puis Aristote disant que l'argent n'a de vertu que par l'échange, ne peut-on pas lui répondre que c'est un échange qui préside au prêt? l'intérêt en est le prix.

Au seizième siècle, Calvin osa attaquer de front la théorie d'Aristote ; il la réduisit à néant par des arguments dont on ne peut qu'admirer la concision et la logique.

« L'argent, dit-on, n'enfante pas l'argent ; et la mer le produit-elle? Est-il le fruit d'une maison pour laquelle pourtant je reçois un loyer? l'argent naîtrait-il par hasard de toits et de murailles? Mais si la mer n'enfante pas à proprement parler de l'argent, elle sert aux transports des produits de la terre qui plus tard seront transformés en argent; si ma maison ne produit pas d'argent, l'avantage qu'on a d'être logé est certainement appréciable en argent. Vous admettez qu'on puisse retirer du commerce des profits supérieurs à ceux que procure le rendement d'une terre, et cependant vous ne me permettez pas d'exiger un intérêt de celui auquel j'ai prêté l'argent nécessaire à son négoce; pourquoi donc alors me donnez-vous le droit de contraindre le locataire d'un champ même stérile à m'en payer le loyer?

« Mais, direz-vous, le gain que fait le marchand est dû à ses soins, à son industrie. Je réponds que, si, de mon côté, j'eusse laissé mes capitaux oisifs, ils ne m'auraient rien produit; que l'emprunteur ne les a pas reçus non plus pour les tenir enfermés dans sa caisse.

« L'intérêt perçu à l'occasion du prêt m'est donc dû à l'occasion du parti que j'ai su tirer de ma chose (ex *proventu*). Il n'est point un enfantement direct du capital prêté (1). » (Lettres de Calvin).

Deux siècles plus tard la raillerie acérée de Bentham porte le dernier coup au système du prince des philosophes. « Il arriva, on ne saurait dire comment, que ce grand philosophe avec tout son talent et toute sa pénétration, malgré le grand nombre de pièces d'argent qui avaient passé par ses mains (nombre plus grand peut-être que celui qui ait jamais passé avant ou depuis dans les mains d'aucun philosophe) et malgré les peines toutes particulières qu'il s'était données pour éclaircir la question de la génération, ne put jamais parvenir à découvrir dans aucune pièce de monnaie quelque organe qui la rende propre à en engendrer une autre. Enhardi par une preuve négative de cette force, il s'aventura à donner au monde le résultat de ses observations sous la forme de cette proposition universelle que, de sa nature, tout argent est stérile. »

(1) Voici le texte de Calvin : « Pecunia non parit pecuniam. Quid mare? quid domus, cujus locatione pensionem percipio? an ex tectis et parietibus argentum proprio nascitur? sed et terra producit, et mari advehitur quod pecuniam deinde producat, et habitationis commoditas cum certa pecunia parari commutarive solet. Quod si igitur plus ex negotiatione lucri percipe posst quam ex fondi cujus vis proventu, an feretur qui fondum sterilem forlasse colono locaverit, ex quo mercedem vel proventum recipiat sibi, qui ex pecunia fructum aliquem perceperit, non feretur? unde vero mercatoris lucrum ex ipsius inquies, diligentia atque industria. Quis dubitat pecuniam vacuam inutilem omnimodo esse? Neque qui a me mutum rogat, vacuam apud se habere a me acceptam cogitat; non ergo ex pecunia illa lucrum accedit, sed ex proventu. » (*Calvini epistolæ*.)

Le Christianisme, témoin des misères profondes qui signalèrent les derniers siècles de l'empire romain ne pouvait pas rester indifférent à la question du prêt. Les Pères de l'Église s'élèvent avec indignation contre l'intérêt qu'ils rendent responsable des malheurs du temps; ils flétrissent avec une véhémente éloquence la rapacité de l'usurier qui profite de la détresse du pauvre et dévore sa substance: Au nom de la charité immense et du dévouement sans borne qui enflammait leur propre cœur ils prohibent absolument l'intérêt et le déclarent illégitime. Chargés d'enseigner aux peuples la morale sublime de l'Évangile, pouvaient-ils ne pas condamner le prêt à usure, alors que la morale païenne l'avait déjà condamné? Leur doctrine sur la gratuité du prêt, contraire à toute donnée économique est une erreur sublime inspirée par le sentiment d'une fraternité surhumaine qui saisit l'esprit d'une admiration profonde.

C'était certes une lourde tâche que de convertir à la charité une société rongée par l'égoïsme et où la soif du gain tarissait toutes les sources de la bienfaisance. Les Pères de l'Église grecque et de l'Église latine préparèrent les esprits à cette grande réforme par des paroles éloquentes.

Saint Basile ouvre dans l'Église grecque la croisade contre le prêt à intérêt. « Les emprunts, dit-il, sont une occasion de mensonges, d'ingratitudes, de perfidies: *Sumere mutuo initium mendacii, ingratitudinis occasio perfidia et perjurii.*

Il renouvelle les arguments de Plutarque sur la fourmi et l'abeille qui travaillent et n'empruntent pas.

2

Saint Grégoire de Nazianze condamne aussi le prêt à intérêt à cause de la stérilité de l'argent et de l'oppression du pauvre. « *Alius usuris et fœnoribus terram contaminavit : Colligens ubi non seminârat et metens ubi non sparserat, non ex terræ cultu, sed ex pauperum inopia et penuria commoda sua comparans.* Voyez cet autre qui souille la terre de ses usures moissonnant où il n'a rien semé, augmentant ses richesses, non par la culture de la terre, mais par la misère des pauvres ! »

*Saint Grégoire de Nysse compare l'usure au brigandage et au parricide. « C'est un enfantement que l'avarice a conçu, que l'iniquité a mis au monde et où la cruauté a servi de ministre (1)..... On donne le nom de voleur à celui qui pille les passants. Et quand le vol se fait sous voile d'usure avec des témoins et des contrats, croit-on le rendre licite en l'appelant du nom de prêt... S'il n'y avait pas tant d'usuriers, il n'y aurait pas tant de pauvres (2)... On est également coupable quand on refuse de prêter ou quand on prête à usure. »

Saint Jean Chrysostôme : « L'argent est stérile, car Dieu n'a pas prononcé pour lui cette parole puissante : Croissez et multipliez ; il ne participe point aux priviléges de la terre, à qui Dieu a dit au jour de la création : *Germinet terra herbam virentem.*

---

(1) Hic est ille partus quem parturiit avaritia parit iniquitas et obstetricatur inhumanitas.

(2) Si non esset tanta multitudo usurariorum, non esset tanta copia pauperum.

L'usurier entreprend de semer sans charrue et sans pluie, mais cette damnable agriculture ne peut que lui donner de l'ivraie qui sera jetée dans les flammes éternelles..... Retranchons donc ces enfantements monstrueux de l'or et de l'argent, étouffons cette exécrable fécondité (1). »

Les Pères de l'Église latine attaquèrent le prêt avec de grandes paroles :

Saint Ambroise attribue la décadence de la société aux usures dont le nom vient suivant lui de ce qu'elles usent et consument les patrimoines. Il y voit la cause des révolutions et des ruines des peuples (2).

Saint Jérôme enferme les prêteurs dans un dilemme victorieux. Avez-vous prêté à celui qui avait ou à celui qui n'avait pas? s'il avait, pourquoi lui prêter, s'il n'avait pas, pourquoi lui en demandez-vous davantage comme s'il avait (3).

Saint Augustin prêchait à l'Église d'Afrique les mêmes réprobations contre le prêt. « L'intérêt n'est qu'une richesse d'iniquité (*mammona iniquitatis*), acquise par un moyen exécrable..... Est-il plus cruel de ravir quelque chose aux riches que d'ôter en

(1) Hujusmodi pecuniarum partum excidamus : excissemus hunc pestiferum uterum (*Hom. in Mat.*)

(2) Sæpe populi conciderunt fœnore, et ea publici exitii causa exstitit. (*Epist.* 70.)

(3) Respondea' enim breviter fœnerator misericors : utrum habenti dederit aut non habenti? Si habenti, utique dare non debuerat. Sed dedit quasi non habenti. Ergo quare plus exigit quam ab habente? (*In Ezech.*, c. XVIII.)

quelque sorte la vie aux pauvres en les opprimant par l'usure ? »

Les Pères de l'Eglise cherchaient dans la parole de Jésus-Christ le fondement de leur doctrine de l'illégitimité du prêt à intérêt. Jésus-Christ avait dit à ses disciples : *Mutuum date nihil inde sperantes.* Mais, on l'a dit bien des fois, cette parole est un conseil et non un précepte extérieurement obligatoire; c'est un commandement de charité fervente et non de droit positif. Le Christ n'a pas réprouvé l'intérêt de l'argent, puisqu'il appelle mauvais serviteur celui à qui son maître avait confié un *talent* et qui l'a enfoui dans la terre au lieu de lui faire produire des intérêts (1). Il suffit, pour l'intelligence des paroles *nihil inde sperantes,* de restituer les versets de l'Evangile selon saint Luc, d'où elles sont tirées :

ỳ 20 — Si un homme vous frappe sur une joue, tendez-lui même l'autre, et si quelqu'un vous prend votre manteau, ne l'empêchez point aussi de prendre votre robe.....

ỳ 35. — C'est pourquoi aimez vos ennemis : faites du bien à tous et prêtez *sans en rien espérer :* alors votre récompense sera très grande et vous serez les enfants du Très-Haut.

Voilà des conseils qui sont l'idéal de la perfection morale et dont le vrai chrétien doit s'inspirer ! Mais

---

(1) Evang. de saint Mathieu, XXV.

qui oserait soutenir qu'ils pourraient être transcrits dans un Code de Droit positif et être sanctionnés par une peine? A côté de la gratuité du crédit, une loi pourrait-elle écrire l'obligation d'aimer ses ennemis? La logique cependant le voudrait ainsi ; mais qui oserait aller jusque-là? Non! A côté de ces divins conseils, faits pour la perfection chrétienne, se trouve le Droit positif qui doit faire la part des nécessités du monde et des faiblesses de l'homme ; et Jésus-Christ, qui rendait à César ce qui est à César, n'a voulu nullement empiéter sur la Législation temporelle qui autorisait le prêt à intérêt.

La prohibition des Pères et des Conciles s'explique, comme je l'ai dit plus haut, par l'état social des premiers siècles du christianisme. Leurs anathèmes sont contraires à toute théorie abstraite de l'intérêt, mais il faut convenir que, dans les faits, ils avaient bien leur raison d'être. Alors le pauvre était à la merci du riche, car si l'on empruntait, ce n'était que pour vivre, pour satisfaire un besoin pressant, et non comme dans notre société moderne pour spéculer. Exiger un intérêt, c'était asseoir un profit sur la détresse de son prochain, et l'on conçoit qu'au nom de la charité chrétienne les Pères aient voulu imprimer au prêt, le cachet de la gratuité. Aucun raisonnement n'aurait pu alors détruire le dilemme de saint Jérôme que j'ai cité plus haut.

La prohibition canonique du prêt à intérêt, d'abord établie pour les seuls clercs par le concile de Nicée, fut plus tard étendue aux laïques, sous peine d'excommunication et de privation de la sépulture ecclé-

siastique. La race maudite des Juifs fut seule exceptée. L'Eglise ne craignait pas de voir commettre un
péché de plus à cette race toujours persécutée et
toujours triomphante : déjà damnés, elle pouvait
leur permettre un métier de damnation. Ce fut alors
que le mot usure perdit le sens qu'il avait dans les
lois romaines « *usura propter usum,* » et devint
synonyme de rapine et d'extorsion.

Pendant toute la durée du Moyen-Age, malgré des
conditions économiques et sociales différentes de
celles des premiers siècles de l'ère chrétienne, la
doctrine canonique ne varia point.

Les docteurs traitent le prêt avec la même sévérité que les Pères de l'Eglise. Duns Scot, saint Bona-
venture et saint Thomas, les lumières de la théologie
scholastique apportent l'appui de leur science et de
leur autorité à une cause qui n'a plus sa raison
d'être. Pour saint Thomas, le prêt est une impiété,
car c'est « vendre le temps qui ne saurait entrer
dans le commerce, puisqu'il n'appartient qu'à Dieu. »
Les intérêts lui présentent l'image de la guerre et
de l'homicide : « Cui merito inferuntur arma, huic
legitime offeruntur usuræ : ubi jus belli, ibi jus
usuræ... ab hoc usuram exige quem non sit crimen
occidere! » Combattant ensuite le prêt par voie de
discussion, saint Thomas prétend qu'il est contraire
à la nature du *mutuum* de recevoir au-delà de ce
qu'on a donné. C'est l'argument que nous trouverons
développé plus tard par nos jurisconsultes Domat et
Pothier. Seul, Gerson, *ce docteur très chrétien*, tout
en réprouvant le prêt à intérêt au point de vue de

la conscience, osa dire qu'il y avait sur ce sujet des concessions à faire à de nouvelles conditions sociales (1).

Lors de la renaissance du Droit romain, la question de la légitimité du prêt fut vivement débattue. Mais les Romanistes montrèrent en vain que Constantin, Théodose, Justinien, tous les empereurs chrétiens, en un mot, l'avaient reconnue; en vain fut paraphrasé le principe d'Ulpien : *minus solvit qui tardius solvit* (2). On ferma la bouche aux partisans du prêt par une citation de Papinien : *usura non natura pervenit, sed jure percipitur* (3). Comment douter de son illégitimité alors qu'elle est reconnue par le plus grand des jurisconsultes! — Le passage suivant, emprunté à Bérard de Goth, archevêque de Lyon, qui vivait à la fin du XIII° siècle, montre la réprobation générale qu'inspirait à cette époque la pratique du prêt à intérêt : « Anciennement il y avait à peine un seul usurier dans toute la ville de Lyon, et même il ne prêtait son argent à intérêt qu'après que l'emprunteur lui avait donné sa parole de ne pas le publier. Si, par hasard, on en concevait quelque mauvais soupçon, on appelait sa maison la *maison du*

(1) « De même que les contrats usuraires étaient tolérés dans l'ancienne loi, de même ils pourraient être permis dans la nouvelle avec certaines modifications, non pas qu'ils soient par là plus licites dans le for intérieur, mais pour éviter un plus grand mal : — mieux valent quelques usures légères qui procurent des secours aux indigents que de les voir réduits, par la pauvreté, à voler, à dissiper leurs biens, à vendre à très vil prix leurs meubles et leurs immeubles..... » (Gerson, *des Contract.*)

(2) Loi 12 Ulpien; Dig., *De Verb. signif*

(3) Loi 62 Papinien; Dig., *De Rei vindicatione.*

diable, sa vigne, la *vigne du diable,* et ainsi de toutes ses autres possessions. On ne lui donnait pas le baiser de paix à la messe. Les voisins n'allaient pas chercher du feu dans sa maison. Les enfants s'effrayant à sa rencontre, et ils se le montraient du doigt les uns aux autres (1).

Au XVIe siècle, l'esprit d'indépendance et l'esprit de discussion se réveillèrent. La question du prêt ne pouvait manquer d'être agitée au milieu des controverses ardentes de l'époque sur la foi et la discipline de l'Eglise. Calvin trouva là une arme contre Rome ; il ne la négligea pas. Il battit en brèche la législation ecclésiastique sur le prêt à intérêt, et prouva que ce contrat est aussi légitime en lui-même que la vente, le louage et tout autre contrat commutatif. J'ai montré plus haut comment Calvin avait combattu le système d'Aristote sur la stérilité de l'argent, un des fondements des opinions canoniques. Mais le prêt trouva dans le Calvinisme un auxiliaire dangereux : la vérité enseignée par un hérétique ne pouvait qu'être discutée. Tous les jurisconsultes des XVIe, du XVIIe et du XVIIIe siècles, enrôlés plus ou moins dans le camp catholique, dirent son fait à l'intérêt et le combattirent avec des arguments subtils et spécieux. Je ferai plus loin l'analyse des opinions de Dumoulin, de Domat et de Pothier ; à présent je veux dire quelle a été jusqu'à nos jours la doctrine de l'Eglise.

Au milieu du XVIIIe siècle, où la légitimité du

(1) Bérard de Goth, *De Summa virtutum et vitiorum,* tome II, p. 84.

prêt trouvait de nouveaux défenseurs, le pape Benoît XIV condamna cette doctrine comme impie. Son encyclique du premier novembre 1745 réprouve tout intérêt perçu à l'occasion du prêt. Cette encyclique est restée célèbre dans les monuments des prohibitions ecclésiastiques. Jusque dans ces derniers temps, elle a servi de base aux décisions du Saint-Siége dans la matière qui nous occupe.

Voici comment Benoît XIV définit l'usure :

« Peccati genus quod usura vocatur, quodque in contractu mutui propriam suam sedem et locum habet, in eo est repositum, quod quis ex ipsomet mutuo, quod suapte natura tantumdem duntaxat reddi postulat quantum receptum est, plus sibi reddi velit quam est receptum, ideoque ultra sortem lucrum aliquod, ipsius ratione mutui, sibi deberi contendat. Omne propterea hujusmodi lucrum quod sortem superat illicitum et usurarium est (1). »

Ainsi, d'après Benoît XIV, l'usure consiste dans tout ce que le créancier exige au-delà du sort principal et à raison du prêt seul, *ipsius ratione mutui*. L'intérêt n'est point illicite si on le perçoit à l'occasion du prêt, mais en vertu d'un titre légitime et extrinsèque au prêt. Ces titres qui peuvent légitimer la perception de l'intérêt sont :

1° Le *damnum emergens ;*
2° Le *lucrum cessans ;*

(1) Traité du synode diocésain, livr. X.

3° Le *periculum sortis*, le danger extraordinaire de perdre le capital.

Dans les deux premiers cas, ce dédommagement, dit Bossuet, « est de Droit naturel, et n'appartient nullement au cas de l'usure, car il n'est dû pour un autre genre d'obligation que celui qui provient du prêt. L'obligation du prêt est totalement épuisée quand je rétablis à mon créancier la somme principale ; mais le dommage effectif qu'il a souffert n'est pas réparé par là, et chacune de ces dettes demande sa compensation (1). »

Il était nécessaire, pour qu'il y eût *lucrum cessans* ou *damnum emergens*, qu'au moment même du prêt le prêteur fit connaître à l'emprunteur son intention de faire emploi de son argent ; une simple probabilité ne suffisait pas : Non sufficit, lucrum esse in potentia, incerta vel remota, sed oportet fuisse in actu, vel in potentia certa vel propinqua (2).

Aujourd'hui que la sécularisation de la matière du prêt a eu lieu, quelle est la doctrine de l'Eglise ?

Après que toutes les lois de l'Europe chrétienne sont venues consacrer la légitimité du prêt, l'Eglise ne pouvait pas méconnaître les changements profonds apportés par les mœurs dans la société de notre époque. Sans renoncer à prêcher le prêt gratuit sous le nom de *prêt d'honneur*, sans accepter formellement l'intérêt, elle ne défend plus de le percevoir. Quel-

(1) Bossuet, *Propositions*, 7.
(2) Dum., *De Usuris*, n° 29.

ques esprits exaltés seuls ont pu, avec des arguments tirés de la poussière du moyen-âge, accuser notre Code Napoléon d'athéïsme. Leur voix n'a pas fait écho. Les princes de l'Eglise et le Saint-Siége lui-même, mieux inspirés, s'inclinent devant les faits accomplis.

En 1818, le cardinal de la Luzerne écrivit des opinions favorables au prêt, en approuvant le titre que peut fournir la loi civile. — Le cardinal Gousset (*Théologie morale*) donne des conclusions à peu près pareilles. — Les papes Léon XII, Pie VIII et Grégoire XVI ont défendu d'apporter par la prédication et la confession le trouble dans la conscience des prêteurs. Ils n'ont pas proscrit le prêt; « et la cour de Rome a fait en cela, selon son habitude, acte de sagesse (1). »

Enfin, dans ces dernières années, en voyant le Saint-Siége contracter un emprunt, et envers un banquier juif! ne pouvons-nous pas dire que l'Eglise consacre la légitimité d'un contrat longtemps méconnu par elle, et que la prohibition canonique a dit son dernier mot!

Quand la réforme de Calvin vint agiter de nouveau la question de la légitimité du prêt, la controverse se réveilla plus vive qu'elle n'avait été au Moyen-Age. Nos plus célèbres jurisconsultes prirent la plume pour appuyer ou combattre la doctrine calviniste. La discussion fut ardente, et plus d'une injure fut échangée.

(1) Massol, *Traité de l'obl. naturelle.*

Dumoulin, dans son traité *de usuris*, dédié au roi Henri II, donne des opinions contradictoires : était-il partisan ou adversaire du prêt à intérêt? Ses convictions religieuses avaient changé plusieurs fois : Né Calviniste, il fut plus tard Luthérien de la confession d'Augsbourg, et mourut catholique. Les idées de son livre sont assez nuageuses, les deux opinions y sont assez ménagées, pour que chaque parti ait voulu voir un adhérent dans ce prince de la science. Dumoulin prétend d'abord que l'intérêt est illégitime, contraire à la raison et aux lois humaines et divines : on ne saurait recevoir plus qu'on n'a donné. Il admet ensuite que, dans certains cas exceptionnels, un intérêt peut être perçu, notamment si le prêteur court des risques : « Fas est pretium accipere pro periculo illo. » Le jurisconsulte dit ensuite que le prêt à intérêt n'est interdit qu'en tant qu'il blesse la raison et la charité. Pour lui les hommes sont divisés en trois classes : les pauvres qui ne vivent que de charité, il faut la leur apporter non par le prêt, mais par l'aumône; les indigents, qui pourront rendre ce qu'on leur a prêté dès qu'ils ne seront plus dans le besoin, il faut leur prêter gratuitement; enfin, les riches et les commerçants, vis-à-vis desquels des intérêts modérés sont licites (1). Assurément, voilà des conclusions bien différentes des prémisses : celles-ci sont catholiques et proscrivent le prêt; les conclusions sont calvinistes : elles ne sont même que la paraphrase de l'idée de Calvin (2),

(1) Dumoulin, *De Usuris*, no 85.
(2) Calvin, *Ad caput 18, Ezech.*

qui n'allait pas jusqu'à proclamer la liberté du prêt et soutenait qu'on ne peut exiger un intérêt modéré que du riche seul. Malgré les ménagements et l'habileté avec lesquels Dumoulin développe ces idées, elles furent plus tard condamnées par l'encyclique de Benoît XIV.

Domat est un adversaire décidé du prêt à intérêt : Il disserte comme un canoniste du Moyen-Age pour prouver qu'il est contraire au Droit naturel et à la bonne foi. Il y a, dit-il, « deux manières dont on peut se communiquer l'usage des choses : l'une gratuite, et l'autre à profit, pour les choses où ce commerce peut être licite. » Ce commerce à profit sera-t-il licite dans le prêt ? Domat le nie en comparant ce contrat au louage et en s'obstinant à exiger des conditions communes dans deux contrats distincts.

Dans le louage, le prix payé par le preneur au bailleur a une cause légale : ce dernier reste propriétaire de sa chose ; il en communique l'usage, et c'est l'usage distinct de la propriété qui sert de base au payement du prix. Dans le prêt, *l'accipiens* est rendu propriétaire par la tradition : Comment concevoir ici un usage distinct de la propriété ? exiger ici un prix pour l'usage, c'est exiger un prix pour ce qui n'existe pas !

De plus, dans le louage, les risques sont pour le bailleur, car *res perit domino* : Dès-lors il est juste qu'il y ait un prix : laisser le preneur, percevoir gratuitement l'usage de la chose, alors que le bailleur en supporterait les risques, ce serait briser l'égalité commutative requise dans tous les contrats. Mais le prêteur n'a aucun risque à courir : c'est l'emprunteur

qui subit les conséquences de la maxime *res perit domino ;* la chose est à ses risques et périls ; la perte ne
le dispense pas de la restitution ; il possède sa chose
et non celle du prêteur : « quand il s'en sert, c'est sa
chose propre qu'il met en usage ; celui qui l'avait prêtée, n'y a plus aucun droit (1). »

L'intérêt est donc illégitime, car la raison se refuse
à lui trouver une base ; le prêteur reçoit un prix pour
l'usage d'une chose qui ne lui appartient pas : il
gagne à coup sûr là où l'emprunteur subit des risques.
Voilà la substance du raisonnement de Domat.

Mais pourquoi, lorsque les choses non fongibles
peuvent servir de matière à des contrats à titre
gratuit et à des contrats à titre onéreux, les choses
fongibles qui sont l'objet du contrat de prêt ne pour-
raient-elles servir qu'à des contrats de bienfaisance ?
Si le droit consacre des différences entre ces deux
natures de choses, le bon sens dit qu'il ne saurait y
en avoir, quant au point qui nous occupe : Si le
commodat devient un contrat licite, le louage, par
l'addition d'un prix, pourquoi pas la même addition,
le *mutuum* ne se changerait-il pas en un contrat licite
aussi, le prêt à intérêt? Dans les deux cas, le contrat
est transformé : de contrat à titre gratuit qu'il était,
il peut devenir à titre onéreux.

Et puis est-ce pour l'usage qu'un prix est exigé
pour le prêt à intérêt? Le mot usure vient sans doute
de *propter usum*, mais l'étymologie de ce mot n'en
donne pas la valeur exacte et scientifique. L'intérêt

(1) Domat, liv. 7, tit. 6.

est le prix non de l'*usus*, mais de l'*abusus* que la translation de propriété a communiqué à l'emprunteur; et si le locateur perçoit légitimement un prix pour l'usage seul, le prêteur doit *à fortiori* pouvoir exiger un prix pour le *jus utendi et abutendi?*

Et quant aux risques matériels de la chose, sans doute, le prêteur ne les supporte pas, car le contrat a transporté la propriété à l'emprunteur et *res perit domino:* mais les risques de la solvabilité de l'emprunteur, qui les supportera? Si non le prêteur qui peut voir sa chose disparaître et rester sans garantie devant les hasards de la mauvaise fortune de l'emprunteur? Dès-lors le prêteur ne court-il pas des risques personnels qui ont leur prix?

Mais, dit encore Domat, le principe en cette matière, c'est que le prêt n'est pas inventé pour le profit du prêteur; son caractère, c'est la gratuité; c'est la libéralité qui préside à ce contrat et non le désir du gain; c'est pervertir la nature du prêt que de s'en servir pour faire fructifier son argent. Puffendorf qui était un partisan décidé du prêt répond très-bien à Domat: Si on s'opiniâtre à vouloir que tout prêt proprement ainsi nommé soit gratuit, tout ce qu'il y aura, c'est qu'il faudra donner un autre nom au contrat dans lequel un créancier stipule quelque intérêt pour l'argent qu'il prête; mais il ne s'ensuivra pas de là que ce contrat ait quelque chose d'illicite. Par cela seul qu'il exige un intérêt le prêteur montre bien qu'il s'agit pour lui d'un contrat onéreux et non d'un contrat gratuit: Son but est un but intéressé et il ne faut pas le juger au point de vue d'une libéralité.

Saumaise, calviniste ardent, consacre à la défense
du prêt à intérêt trois énormes ouvrages, *de Usuris,
de Modo usurarum, de Fœnore trapezetico,* ouvrages qui
offrent le rare accord de beaucoup d'érudition et de
beaucoup de bon sens (1). Avec des arguments souvent peu ménagés dans la forme, il battit en brèche
les doctrines ecclésiastiques sur le prêt; il montra
ces usures qui « chassées par la porte, rentraient par
la fenêtre » (2) au moyen des déguisements des *trois
contrats,* du *mohatra* et de *la constitution de rente;*
il plaida vivement pour les prêteurs d'argent de son
époque « à qui les États doivent la prospérité du
commerce. »

Bossuet prit la plume du jurisconsulte pour répondre aux attaques de Saumaise : il descendit dans
l'arène avec un traité contre l'usure, ouvrage qui
d'ailleurs ne servira en rien à sa gloire. Il repousse
le prêt à intérêt sous tous les déguisements dont la
nécessité le faisait revêtir : Ce n'est, dit-il, « qu'au
moyen d'une transaction indigne avec sa conscience,
qu'un chrétien fera à l'esprit du siècle une semblable
concession. » — Vers la même époque, Pascal atta-
quait, dans ses *Provinciales,* les doctrines casuistiques
sur le prêt à intérêt : Le célèbre Janséniste critique
d'une manière piquante les Jésuites prohibant le prêt
en Europe et le pratiquant en Amérique.

Pothier a été le dernier jurisconsulte en France
qui se soit fait le champion de la doctrine opposée au

(1) M. Troplong, préf. du Prêt.
(2) Coacti sunt necessitate niveras usuras quas foribus exclu-
derant per fenestram admittere. (Saumaise, *De Res.*)

prêt à intérêt : les arguments qu'il expose en tête de son Traité du prêt de Consomption sont ceux de Domat et des canonistes du Moyen-Age. Puis s'il repousse les *usures lucratoires*, il admet les intérêts *compensatoires* : ces derniers pourront être licitement reçus dans le cas d'un préjudice, *damnum ex mutuo emergens*; et dans le cas de la privation d'un profit, *lucrum cessans*. Si ce profit dont le prêteur s'est privé était *certain*, il peut tacitement convenir qu'il en sera indemnisé : il le peut même si ce profit n'est que *très vraisemblable*; dans ce cas *on appréciera l'espérance* du profit et elle servira de base au dédommagement. — Voilà un *lucrum cessans* bien élastique et qui laissera bien peu de cas dans la prohibition! une exception si large ne détruit-elle pas la règle, lorsque Pothier admet comme base légitime d'un intérêt compensatoire la preu... d'une *simple espérance* de placement? après cela, ne peut-on pas dire que Pothier se croyait par conviction religieuse un adversaire décidé du prêt à intérêt, mais que la légitimité de ce contrat s'était imposée à sa haute raison?

Les philosophes et les économistes du XVIII° siècle firent au prêt à intérêt un meilleur accueil : ils prirent hautement la défense de ce contrat conspué par la théologie, repoussé par nos plus éminents jurisconsultes et proscrit par les ordonnances. C'est à leurs efforts que la doctrine de la légitimité du prêt a dû son triomphe. La société se faisait industrielle et commerçante; l'accroissement de la richesse mobilière allait faire oublier l'ancienne maxime *Vilis mobilium possessio* : le prêt à intérêt pouvait seul répondre aux besoins d'une nouvelle situation économique. Le temps n'était plus depuis longtemps où la prohibition de ce contrat pouvait s'expliquer par la misère du pauvre; l'emprunteur, c'était le commerce faisant fructifier les capitaux par une lucrative industrie; et si l'interdiction du prêt se perpétuait jusqu'à lui, le XVIIIᵉ siècle parlant par la bouche de la science pouvait protester contre elle et l'appeler un abus et un préjugé; la raison discuta cette prohibition acceptée jadis par ignorance et par respect et le droit de prêter à intérêt fut réclamé comme un droit incontestable.

Montesquieu, le premier, dans son *Esprit des Lois* fit le procès aux idées défavorables au prêt; « c'est une action très bonne de prêter à un autre son argent sans intérêt, mais on sent que ce ne peut être qu'un conseil de religion et non une loi civile. » Montesquieu n'osa point cependant demander ouvertement pour la France l'admission d'un contrat que sa raison lui disait légitime, mais se reportant en arrière il fit au passé des critiques dont son époque sentit l'analogie: « La loi de Mahomet, dit-il, confond l'usure avec le prêt à intérêt. L'usure augmente dans les pays mahométans à raison de la sévérité de la défense; le prêteur s'indemnise du péril de la contravention. » Il montrait aussi que les lois romaines qui avaient tenté de supprimer le prêt avaient été contre leur but et avaient produit des résultats funestes : « les lois extrêmes dans le bien font naître les maux extrêmes : il fallut payer pour le prêt d'argent et pour le danger des peines de la loi. »

Les économistes de l'école de Quesnay acclimatèrent en France la doctrine de la légitimité du prêt. Ce fut en 1669 que Turgot présenta au Conseil d'État son célèbre mémoire sur les *prêts d'argent* : il traita la question de la fécondation des capitaux par le prêt à intérêt avec hardiesse et sans réticence. Sa thèse était double : *légitimité* et *liberté* de l'intérêt ! il montra la rigidité des lois cédant à la force des choses et la société s'affranchissant de fait des prohibitions civiles et canoniques.

« Ce ne sont point ces vaines subtilités qui rendent légitime le prêt à intérêt ; ce n'est pas même son utilité ou plutôt la nécessité dont il est pour le soutien du commerce. Il est licite par un principe plus général et plus respectable encore, puisqu'il est la base sur laquelle porte tout l'édifice des sociétés ; je veux dire par le droit inviolable attaché à la propriété d'être maître absolu de sa chose, de ne pouvoir en être dépouillé que de son consentement, et de pouvoir mettre à son consentement telle condition que l'on juge à propos..... Puisqu'on vend l'argent comme tout autre effet, pourquoi ne le louerait-on pas comme tout autre effet ? et l'intérêt n'étant que le loyer de l'argent prêté pour un temps, pourquoi ne serait-il pas permis de le recevoir ? Par quel étrange caprice la morale ou la loi prohiberaient-elles un contrat libre entre deux parties qui toutes deux y trouvent leur avantage ; et peut-on douter qu'elles ne l'y trouvent, puisqu'elles n'ont pas d'autre motif pour s'y déterminer ? »

Turgot combat ensuite les arguments de Domat et de Pothier contre le prêt à intérêt : « on est tenté de rire, quand on entend des gens raisonnables, d'ailleurs éclairés, fonder sérieusement la légitimité du

loyer des choses qui ne se consomment point par
l'usage, sur ce que cet usage pouvant être distingué
de la chose, du moins par l'entendement, est appréciable, et soutenir que le loyer des choses qui se dé-
truisent par l'usage est illégitime parce qu'on n'y peut
pas concevoir un usage distinct de la chose. Est-ce
par de pareilles abstractions qu'il faut appuyer les
règles de la morale et de la probité?..... les règles
morales pour juger de la légitimité des conventions
se fondent comme les conventions elles-mêmes sur
l'avantage réciproque des parties contractantes, et non
sur les qualités intrinsèques et métaphysiques des
objets du contrat, lorsque ces qualités ne changent
rien à l'avantage des parties.

Mais, disent nos raisonneurs, l'on ne peut pas me
faire payer cet usage de l'argent, parce que cet argent était à moi; j'en étais propriétaire, parce qu'il
est de la nature du prêt des choses fongibles que la
propriété en soit transportée par le prêt, sans quoi
elles seraient inutiles à l'emprunteur. Misérable
équivoque encore !... que l'usage que je ferai de cet
argent soit l'usage de ma chose, à la bonne heure ;
que l'utilité qui m'en reviendra soit un accessoire
de ma propriété, tout cela est vrai; mais quand ?
Quand l'argent sera à moi, quand cette propriété
m'aura été transmise. Et quand me l'aura-t-elle été ?
Quand je l'aurai achetée et payée. Or, à quel prix
achèterai-je cette propriété ? Qu'est-ce que je donne
en échange ? N'est-il pas évident que c'est l'engagement que je prends de rembourser à une certaine
échéance, une certaine somme, quelle qu'elle soit ? Et
si cette somme n'est qu'exactement semblable à celle

que je reçois, mon engagement ne sera pas équivalent de la propriété que j'acquiers dans le moment
actuel. » (*Mémoire sur les prêts d'argent*).

Le mémoire de Turgot avait fait pénétrer la vérité dans bien des esprits, et quand la Révolution
de 1789 éclata, la réforme ne se fit pas longtemps
attendre. Un des premiers actes de l'Assemblée constituante fut de décréter la légitimité du prêt à intérêt. Dès le 3 octobre 1789, sur la motion de Pétion,
l'Assemblée édicta la loi suivante :

« Tous particuliers, corps, communautés et gens
de main-morte pourront, à l'avenir, prêter de l'argent à terme fixe, avec stipulation d'intérêts suivant
le taux déterminé par la loi, sans entendre rien innover aux usages du commerce. »

Comme on le voit, l'Assemblée constituante ne
consacra que la première thèse de Turgot; elle ré-
serva à l'État, en matière civile, le droit de fixer le
taux de l'intérêt.

Quinze ans après, le Code Napoléon consacrait aussi
la légitimité du prêt à intérêt dans l'art. 1907. La
question était jugée à jamais ! Les idées juridiques
et les consciences s'accordent aujourd'hui pour mettre
ce contrat au nombre des conventions basées sur la
justice et l'honnêteté.

Je me trompe cependant, le prêt à intérêt a trouvé
de nos jours un dernier ennemi. La théorie de la
gratuité du prêt est descendue des hauteurs de la
théologie dans les bas-fonds du communisme et la
thèse de saint Thomas est devenue un lieu commun

révolutionnaire (1). Des déclamations prétendues philantrophiques ont retenti, il y a quelques années, passionnant le peuple contre l'*infâme capital* et demandant la *gratuité du crédit* pour mettre un terme à l'exploitation des malheureux dévorés par l'usure. Le bon sens public n'a pas répondu à cette utopie, dont le principe serait aujourd'hui destructif de toute société. Le mobile de l'intérêt préside à presque toutes nos transactions sociales : vouloir l'écarter, ce serait vouer le pauvre à la perpétuité de la misère ; les capitaux resteraient stériles au fond des coffres-forts et n'iraient jamais s'offrir à l'ouvrier, au commerçant qui n'a d'autre garantie de solvabilité que son travail et son honneur !

Cette théorie du crédit gratuit, portée à la tribune de l'Assemblée législative par Proudhon, fut rejetée sans discussion, au milieu des haussements d'épaules qui rappelaient l'orateur au bon sens. Dans la pratique, l'idée n'eut pas un plus grand succès : la célèbre *Banque du peuple* ne vécut qu'un jour.

Dans une polémique par lettres, entre Proudhon et Bastiat, voici comment le célèbre réformateur soutient son système : « Celui qui prête dans les conditions ordinaires du métier de prêteur, ne se prive point du capital qu'il prête, il le prête, au contraire, précisément parce que ce prêt ne constitue pas pour lui une privation, il le prête parce qu'il n'en a que faire par lui-même, étant suffisamment pourvu de capitaux, il le prête enfin parce qu'il n'est ni dans son intention, ni dans sa puissance de le faire per-

(1) Léon Faucher, *Dict. d'Éc. pol.*, au mot Intérêt.

sonnellement valoir, parce qu'en le gardant entre
ses mains, ce capital stérile, de sa nature, demeurerait stérile ; tandis que par le prêt et par l'intérêt
qui en résulte, il produit un bénéfice qui permet au
capitaliste de vivre sans travailler (1). »

Bastiat eut beau jeu ; il se contenta de montrer
que le raisonnement de Proudhon s'appliquerait
aussi bien à la vente qu'au prêt, puisqu'on ne vend
que les choses que l'on possède en trop grande abondance (2).

Je le répète : aujourd'hui tout homme sensé tient
ce principe pour incontestable : Le prêteur éprouvant
une privation et procurant un avantage, l'intérêt a
une base légitime.

II.

La loi du 3-12 octobre 1789, que nous avons vu
consacrer la légitimité du prêt à intérêt, ajouta que
les conventions ne pourraient, en matière civile,
dépasser le taux déterminé par la loi : ce taux était
celui du denier vingt, 5 %, établi précédemment
par l'édit de 1665 pour les rentes constituées et
qui était resté presque toujours en vigueur depuis.
En matière de commerce, l'intérêt n'était pas limité :
la loi s'en référait aux usages établis.

La loi du 89 fut anéantie de fait sous le régime intermédiaire. Elle devient une lettre morte pendant

(1) Intérêt et principal, 3e lettre.
(2) Gratuité du crédit, par Bastiat.

les crises financières qui donnèrent lieu à la création
des assignats. Le manque de confiance avait rendu
le numéraire rare et, en conséquence, fort cher; les
prêts ne pouvaient être faits qu'à un taux très élevé
pour couvrir la dépréciation constante du papier-
monnaie. Des lois contradictoires émanées de la Convention, sans abroger législativement le décret de
l'Assemblée nationale, le rendirent inapplicable.
La discussion des rédacteurs du Code, pour décider
s'il appartenait ou non au Législateur de fixer le
taux de l'intérêt, nous prouve que dans leur esprit
la loi de 89 était considée comme abrogée, et
qu'en 1804 le taux de l'intérêt n'était fixé par aucune
loi en vigueur.

Le Code Napoléon ne s'était pas prononcé sur le
taux de l'intérêt. D'après l'article 1907 « l'intérêt est
légal ou conventionnel : l'intérêt *légal* est fixé par la
loi ; l'intérêt *conventionnel* peut fixer celui de la loi,
toutes les fois que loi ne le prohibe pas. Le Législateur se contenta de mettre en réserve le droit de
fixer le taux de l'intérêt conventionnel : il en usa par
la loi du 3 septembre 1807. Le taux de l'intérêt
est fixé par cette loi à 5 p. % en matière civile
et 6 p. % en matière commerciale ; ces deux taux
ne pourront, en aucun cas, être dépassés. Tout prêteur convaincu d'avoir dépassé le maximum est condamné à restituer l'excédent ou à subir une imputation sur le principal ; de plus, *l'habitude d'usure* est
érigée en délit et punie correctionnellement. La
peine est l'amende qui ne peut dépasser la moitié
des capitaux prêtés : une loi de 1850 permet aux
tribunaux d'y joindre l'emprisonnement.

Quoique partisan décidé de la *liberté de l'intérêt,* je dois dire que la loi de 1807 fut accueillie avec faveur par l'opinion, et qu'elle est restée très populaire en France. Elle est encore aujourd'hui considérée, par nombre d'esprits honnêtes, comme une barrière nécessaire et efficace pour contenir un grand mal, l'usure. Deux tentatives ont été faites contre elle, en 1836 et 1850 dans nos Assemblées délibérantes, tentatives que la résistance d'une majorité imposante a rendues infructueuses.

Aujourd'hui l'abrogation de la loi de 1807 est demandée par de fort bons esprits et avec des arguments qui me paraissent péremptoires.

En théorie, une loi restrictive du taux de l'intérêt ne soutient pas l'examen : les rapports économiques qui régissent l'intérêt se refusent impérieusement à la fixation d'un maximum.

On trouve, dans l'intérêt, deux éléments essentiels : l'un général, le *loyer* du capital prêté; l'autre particulier, le *risque* couru par ce capital. Ni l'un ni l'autre élément ne se prête à la fixité de taux, à cette immutabilité aveugle dans laquelle la loi de 1807 enchaîne le prix de l'argent.

Le *loyer* de l'argent est chose variable; de même que le loyer des maisons, de même que le loyer des terres, de même que le prix des marchandises, il subit les changements que des causes sans nombre apportent sur le marché. L'argent subit la loi commune de l'*offre* et de la *demande* : Si le capitaliste court après l'emprunteur, le prix de l'argent baissera; il haussera, au contraire, si les emprunteurs courent après le capitaliste. L'offre et la demande sont le thermomètre du taux général du loyer du capital.

Le deuxième élément de l'intérêt, la prime des risques courus est plus variable encore. Que de degrés dans l'honnêteté et la solvabilité des emprunteurs? Que de chances diverses court le prêteur devant leur bonne ou mauvaise foi, leur situation de fortune, les garanties accordées? Les conditions faites à l'emprunteur seront plus ou moins favorables selon le degré de confiance qu'il aura inspiré au capitaliste; le risque que le prêteur courra ou croira courir lui fera demander un intérêt plus ou moins élevé de son argent.

Ainsi, tout dans l'intérêt est variable : il change avec les évènements, les marchés, les personnes. La raison ne peut admettre qu'une chose mobile soit condamnée à l'immobilité, et une loi, comme le dit Bentham, ne peut faire qu'un nombre *limité* de taux d'intérêt puisse s'appliquer au nombre *illimité* de situations dans lesquelles l'homme peut se trouver placé. Une loi civile qui restreint le taux de l'intérêt sera donc inefficace, car elle est en opposition avec les lois économiques qui le régissent. Elle prétendra régler ce qui n'est pas dans la sphère; elle ne pourra prévaloir contre les rapports naturels des choses qui en feront une lettre morte, et les faits de chaque jour lui apporteront un démenti.

De plus, l'intérêt n'est autre chose que le *prix du capital* aliéné par le prêteur au profit de l'emprunteur : il serait naturel que les contractants eussent la faculté de régler comme ils l'entendent les conditions de la vente. Le propriétaire est libre de ne céder sa chose que pour le prix qu'il juge conve-

nable : pourquoi ce corollaire logique et inévitable
du droit de propriété serait-il reconnu pour toutes
les transactions moins une, celle ayant pour objet
l'aliénation du numéraire? Ce n'est qu'au moyen
d'une distinction que ne comporte pas la nature des
choses. Quel est, en effet, le rôle du numéraire?
C'est d'être un *mode universel d'échange* reconnu
par tous, accepté par tous : ce n'est qu'un capital
intermédiaire, le dénominateur commun des marchandises : ce n'est pas pour lui qu'on le désire et
qu'on l'emprunte, mais pour le moyen qu'il offre
d'acquérir les choses qui nous sont nécessaires ou
utiles. De sorte que, scientifiquement, emprunter
100 francs ou emprunter 5 hectolitres de blé qui
valent cette somme, c'est une seule et même chose :
l'opération et la valeur sont identiques, la même
règle devait les régir. Quelle différence cependant !
il est permis de stipuler 10 % pour prêts de denrées, et prêter de l'argent à ce taux c'est exercer
une damnable usure. Il est impossible de justifier
la contrainte imposée au capitaliste devant la liberté
laissée au propriétaire de choses autres que l'argent :
ils sont propriétaires au même titre : leur droit est
un ; il faut le reconnaître et le respecter chez l'un
et chez l'autre au même degré ; on ne peut, sans
inconséquence, alors que le propriétaire d'une maison de vingt mille francs a la faculté de louer son
immeuble 7 ou 8 %, défendre au propriétaire de
la même valeur d'en retirer un revenu supérieur à
5 %, si cette valeur est en numéraire. Pourquoi
donc conserver pour le commerce de l'argent, qui
n'est qu'un moyen d'échange, une loi restrictive qui

ne s'applique pas aux autres valeurs ? Pourquoi ce
triste privilége pour cette forme du capital qui ne
sert qu'à acquérir les autres ?

La limitation du taux de l'intérêt est donc contraire à toutes les données économiques : elle consacre une atteinte à un droit fondamental, le droit
de propriété. Cette atteinte peut-elle se justifier ?

Je ne suis certes pas de ceux qui, contestant le
principe même sur lequel repose la loi de 1807,
vont jusqu'à refuser au législateur le droit d'intervenir dans les transactions entre particuliers. Quoique la liberté des transactions soit de droit commun,
quoiqu'en principe il soit permis à chacun de tirer
de sa chose le plus grand profit possible, je sais
que quand l'intérêt social et l'ordre public deman-
dent la répression d'un abus, l'intervention de la loi
est un droit et un devoir ; le principe de la propriété doit capituler devant la conservation de la
société, l'intérêt de la morale publique, et j'admets
la nécessité de la maxime romaine : « interest rei-
publicæ ne quis re sua male utatur. »

Mais ce que je veux contester ici, c'est que la loi
de 1807 réponde à un besoin d'ordre public, et que
le libre commerce de l'argent présente un danger
social suffisant pour justifier le droit du législateur.
Je crois, au contraire, que le maximum imposé à
l'intérêt conventionnel ne peut que nourrir l'usure,
tout en voulant la détruire ; qu'il entrave sans avantage l'essor du commerce et de l'industrie; et que
l'exemple des violations de chaque jour que la loi
restrictive subit forcément de la part des emprunteurs les plus solvables ne peut être que nuisible à

la morale publique en affaiblissant dans les esprits le respect dû à la loi.

Les défenseurs de la loi de 1807 proclament d'abord la nécessité de maintenir l'argent à un prix modéré : les emprunts de l'agriculture et de l'industrie feront florir ces deux branches principales de l'activité sociale s'ils trouvent le numéraire à bon marché. Il est donc de l'intérêt général que le capital soit à bas prix. Très-bien : mais si ce bon marché de l'argent est chose désirable, s'ensuit-il qu'il soit légitime de contraindre les détenteurs de capitaux à s'en dessaisir pour un profit une fois fixé? N'y aurait-il pas un intérêt général aussi appréciable à tenir à bas prix les loyers des maisons et les fermages de terre? Personne ne songe cependant à faire intervenir une loi de *maximum* en cette matière. Mais ne voyons-nous pas à chaque pas dans nos lois des exemples de limitations apportés au droit de propriété par l'intérêt général? On ne discute pas l'expropriation pour cause d'utilité publique; la rescision des ventes immobilières pour cause de lésion; la taxe du pain; la défense de défricher les forêts; les servitudes militaires : tels sont les exemples donnés par M. Paillet, rapporteur de la loi de 1850 : l'analogie entre ces diverses réglementations et celle de la loi de 1807 est bien contestable.

Sans doute la loi sur l'expropriation fait effacer l'intérêt particulier devant l'intérêt général; mais la nécessité de la loi de 1841 est évidente, puisque sans elle il serait impossible d'exécuter le plus humble travail départemental ou communal; la raison indique que la sotte résistance d'un seul ne peut entraver le bien de tous. Et puis si le propriétaire est dé-

possédé, que de ménagements et de garanties! un
acte du gouvernement constate l'utilité publique;
l'expropriation est prononcée par un tribunal; le
propriétaire débat devant un jury l'indemnité proposée; il fait ressortir par l'organe d'un avocat les mille
causes qui l'attachent à son immeuble et donnent à
ce dernier une haute valeur; et enfin l'indemnité accordée par le jury est toujours plus que compensatoire?
Voilà la loi qui poussé jusqu'aux dernières limites le
respect de la propriété privée, qui entoure la dépos-
session forcée d'un luxe de précautions et de garanties, voilà la loi que l'on met en regard de la loi restrictive de l'intérêt qui n'a qu'un poids et une mesure
pour toutes les situations possibles?

L'analogie est aussi discutable quand on compare
la loi de 1807 à la rescision d'une vente immobilière
pour lésion des 7/12. Ici il y a fraude, manquement
à la bonne foi, abus véritable de la situation précaire
du vendeur; et cependant il n'y a lieu qu'à la rescision du contrat. Dans les prêts au-dessus de 5 p. %
au contraire, fussent-ils conclus avec une loyauté entière, il peut y avoir lieu non-seulement à la peine
civile de la restitution, mais encore aux peines correctionnelles de l'amende et de l'emprisonnement. Les
situations sont donc bien différentes: d'ailleurs la dé-
loyauté et la mauvaise foi pourraient être réprimées
dans le prêt par une disposition civile qui en procla-
merait l'annulation. Ce qui importe ce n'est pas le taux
des contrats, mais leur loyauté.

Quant à l'argument tiré de la taxe du pain, il est
malheureux et condamne le système de limitation
de l'intérêt loin de le soutenir. Cette taxe fixée sur

les mercuriales des grains en suit toutes les variations : et le taux de l'intérêt est demeuré invariable
depuis 1807. La taxe du pain change suivant les
marchés, suivant l'abondance ou la disette; on l'a vu
en quelques mois s'élever de cent pour cent; elle est
soumise aux rapports de l'offre et de la demande, loi
économique qui régit aussi le loyer des capitaux et
qui est méconnue pour eux seuls.

La prohibition de défrichement des forêts, les servitudes militaires, sont sans contredit des limitations
apportées au droit de propriété : mais elles le sont
par un intérêt général et incontestable, et l'esprit se
demande en vain par quelle analogie cachée elles jus-
tifient une loi restrictive de l'intérêt.

Mais voyons la loi de 1807 à l'œuvre : examinons
si elle n'est pas complétement impuissante à atteindre
le but qu'elle se propose. Ce but est double : la répression de l'usure, et l'amélioration de la condition
des emprunteurs.

Qu'est-ce donc que *l'usure?* Dans le sens de la loi
de 1807 c'est le fait de prêter de l'argent au-delà du
maximum fixé par la loi. C'est un délit de convention
qui suit la loi restrictive du taux de l'intérêt dans les
changements qu'elle peut subir. Que la loi française
abaisse subitement le taux de l'intérêt à 4 p. %, les
capitalistes honnêtes qui prêtaient la veille à 5 et 6 p. %
seront les usuriers du lendemain ; qu'elle l'élève, au
contraire, les usuriers d'hier seront les honnêtes gens
d'aujourd'hui. C'est, je le répète, un délit de convention qui n'a en lui-même rien d'immoral s'il n'est pas
accompagné de fraude. La légitimité du prêt à intérêt
étant reconnue par la loi, le prêteur peut légitime-

ment comme tout autre vendeur fixer les conditions auxquelles il entend céder son capital; et un prêt au-dessus de 5 p. % n'est pas plus immoral en lui-même qu'une vente de marchandises avec un bénéfice au-dessus de ce taux. Que si l'on pose en principe que le taux de 5 p. % est seul honnête, et que dans toutes les transactions sociales l'homme doit se contenter de ce bénéfice, je crains bien qu'il ne faille faire le procès à la société toute entière.

Si on entend par usure le trafic honteux et détestable qui consiste à escompter les vices de la jeunesse et les malheurs du pauvre pour arriver à placer son argent à un taux fabuleux et exhorbitant, cette plaie des villes et surtout des campagnes, la loi de 1807 est impuissante contre elle. L'usurier de profession est homme habile; de complicité avec ses victimes il use des moyens innombrables d'éluder la loi : la race d'Harpagon est immortelle. La crainte de se voir traîner en police correctionnelle pèse sur l'usurier et c'est un motif de plus pour lui de rendre ses conditions très onéreuses. Excellent appréciateur de la nature du rôle que jouent les risques dans le prêt à intérêt, il se les fait largement payer ainsi que la honte dont il est accueilli. S'il y a un moyen de purger les campagnes de ces scélérats, c'est assurément de proclamer la liberté de l'intérêt; il est en effet incontestable qu'une loi de *maximum* est ici comme partout désastreuse; elle restreint le marché du prêt; les capitalistes scrupuleux craignent de s'attirer les rigueurs de la loi en prêtant à 6 ou 7 p. %, taux que des placements industriels parfaitement sûrs leur donneront; les capitaux honnêtes se retirent du marché du prêt civil et le paysan ne trouve à emprunter qu'auprès du Gobseck de son village qui exigera un taux exhorbitant et à l'échéance conduira le malheureux à la ruine sous le faix des intérêts de patience.

La loi de 1807 est donc impuissante à extirper la véritable usure qui florit dans nos campagnes grâce à elle, car les mesures prises pour réglementer le taux de l'intérêt retombent sur ceux qu'elles veulent protéger, les emprunteurs, et marchent contre leur but en augmentant la rareté et la cherté de l'argent.

D'ailleurs pourquoi la matière du prêt aurait-elle le triste privilège de tenir les majeurs en tutelle? la loi de 1807 craint pour les emprunteurs les extorsions et les fraudes; elle craint que l'*Auri sacra fames* ne pousse le prêteur à vendre trop cher, et que l'emprunteur dominé par un désir violent ne voye pas le mauvais marché qu'il fait. Je crois que pour cela la loi se trompe: il y a bien peu de transactions où l'on sache mieux ce que l'on fait de part et d'autre que dans le prêt d'une somme d'argent; l'emprunt d'une chose dont le titre est garanti par l'État est un acte beaucoup plus simple que l'achat d'une denrée, par exemple. On peut laisser l'homme à ses risques et périls; quelques chutes individuelles rentreront dans ces cas particuliers dont la loi ne peut s'occuper. Je crois que la loi peut sans crainte s'abstenir de stipuler ici pour le citoyen comme pour un interdit: le sentiment de la responsabilité individuelle, développé par la liberté, est un excellent conseiller contre les surprises et les fraudes; ce ré-

gime de virilité porte vite les salutaires enseigne-
ments de l'expérience.

Voyez les désastreux effets de la loi de 1807 dans
l'industrie et le commerce. Voilà un inventeur que de
fortes études ont amené à une découverte qui peut
devenir féconde pour tous : mais il est pauvre, les
garanties sont nulles, son insolvabilité évidente. Où
est le capitaliste aventureux qui, sur la foi d'une
théorie, voudra lui prêter à 5 p. °/₀ l'argent nécessaire
pour faire descendre son invention dans le domaine
de la pratique ? Le savant essuyera un refus et il en
rejaillira une triste alternative : Ou la découverte
restera stérile, faute d'un peu d'or pour la féconder et
quelle perte pour la société ! ou bien son auteur
tombera fatalement dans les mains de gens sans foi
ni loi qui retiendront pour eux tout le profit et peut-
être toute la gloire. — Voici une crise commerciale
qui frappe les marchandises d'un discrédit de 30 p. °/₀;
de plus, même à ce taux, leur vente est devenue difficile. Ne serait-il pas moins onéreux, pour le commerçant qui a un billet à payer, d'emprunter à 10 p. °/₀
que de vendre à vil prix des marchandises dont la
valeur se relèvera forcément dans quelques jours ?
Mais non; cet emprunt qui le sauverait de la ruine
et peut-être du déshonneur devient impossible avec
la loi de 1807. Cette ressource lui est enlevée et il
peut choisir entre une perte ruineuse ou la faillite.
Voilà la loi qui protège l'emprunteur : ici elle con-
somme sa chute!

Toutes ces conséquences d'une loi restrictive de
l'intérêt, Turgot les avait déjà signalées dans son célèbre Mémoire sur les prêts d'argent. Magistrat, il

dût instruire contre des prêteurs à la petite semaine;
mais les emprunteurs eux-mêmes qu'on disait victimes d'extorsions et de fraudes, vinrent le supplier
de cesser les poursuites. Les réflexions de Turgot lui
firent bientôt voir que dans ce cas l'intérêt ne peut
qu'être très élevé parce que le capital est aventuré,
et le lui firent proclamer légitime, car il permet aux
emprunteurs de faire des profits considérables qui
seraient impossibles dans les prêts au taux légal,
mais exigeant des garanties. Ce fait et d'autres de
même nature que Turgot eût lieu d'observer quand
il fut envoyé comme intendant dans la généralité de
Limoges, amenèrent ses études sur le prêt d'argent
dont le résultat fut son célèbre Mémoire où il demande la suppression de toute loi restrictive de l''intérêt.

« Il est d'une nécessité absolue pour entretenir la
confiance et la circulation de l'argent sans laquelle
il n'est point de commerce, que l'argent soit considéré comme une véritable marchandise dont le prix
dépend de la convention, et varie comme celui de
toutes les autres marchandises à raison du rapport
de l'offre à la demande. L'intérêt étant le prix de
l'argent prêté, il hausse quand il y a plus d'emprunteurs et moins de prêteurs; il baisse au contraire,
quand il y a plus d'argent offert à prêter qu'il n'en
est demandé à emprunter. C'est ainsi que s'établit le
prix courant de l'intérêt.

« Le commerce de l'argent serait libre, comme
doit l'être tout commerce. L'effet de cette liberté serait la concurrence, et l'effet de cette concurrence serait le bas prix de l'intérêt, parce que la honte et les

risques sont une surcharge que l'emprunteur paye toujours, de même que celui qui achète des marchandises prohibées paye toujours les risques du contrebandier. »

Aujourd'hui la sage tolérance du parquet de Paris, légitime, comme le fit Turgot, un commerce qui viole ouvertement la loi de 1807 ; la force des choses empêche l'application d'une loi qui serait ici désastreuse. « A la halle de Paris, dit M. Aubry dans la discussion de la loi de 1850, il se fait un commerce d'argent que tout le monde connaît. On tient boutique de pièces de cinq francs, c'est-à-dire, qu'une variété de banquiers tient bureau à la halle, et livre, à des marchands des quatre saisons, une pièce de cinq francs. Avec cette pièce de cinq francs, le petit négociant achète des denrées qu'il va vendre dans la ville. Au bout de sa journée, il rentre, il a gagné souvent deux et trois francs, à l'aide de cette pièce de cinq francs. Croyez-vous qu'il lui soit pénible, sur le bénéfice de sa journée, de donner une somme de 25 centimes au prêteur qui lui a fourni l'instrument de travail ? Dans ce cas, l'intérêt de l'argent est à 1800 p. %. On a voulu requérir au nom de la loi, mais les magistrats ont été obligés de reculer devant des réclamations incessantes et nombreuses ; cette résistance puisait sa force dans le bon sens du peuple et dans les bienfaits de la liberté. »

D'ailleurs cette loi de 1807, elle est violée officiellement : les nécessités de la pratique ont fait apporter à son application des exceptions injustifiables.

Ainsi les Monts-de-Piété violent la loi. Ils prêtent
au pauvre sur ses instruments de travail à un intérêt moyen de 12 p. %. Ce sont cependant de pré
tendus établissements de bienfaisance. L'emprunteur
dont la position inspire le plus d'intérêt, le nécessi-
teux ne trouve-là à emprunter qu'à un taux que la
loi de 1807 appelle hautement usuraire.

Les compagnies de chemin de fer violent la loi.
Elles ont émis des obligations à 275 francs produi-
sant 15 francs d'intérêt et remboursables à 500 fr.
N'est-ce pas là de l'usure, alors que par la prime de
remboursement l'intérêt est à plus de 6 p. % ?

Le Gouvernement viole la loi : dans des moments
difficiles il fait lui-même un public appel à l'usure
en ouvrant des emprunts à 7 et 8 p. % d'intérêt (1).
Prêter au-dessus du taux légal à un particulier,
c'est exercer une damnable usure ; prêter au même
taux à l'État, c'est faire œuvre de bon citoyen et
mériter l'éloge du patriotisme. Y a-t-il donc deux
morales ? Ce qui est avouable d'un côté, ne doit-
il pas l'être de l'autre ? L'emprunteur, le plus solva-
ble de tous, donne l'exemple de la violation de la
loi. Cela seul la condamne et lui enlève toute autorité morale. La loi doit être la même pour tous et
l'État doit être le premier à l'observer scrupuleuse-

(1) En 1816-17, le Gouvernement français négocie un emprunt
5 p. % à 57,26 ; en 1817-18, autre emprunt à 57,51 ; le 9 mai
1818, à 66,50 ; le 9 octobre à 67 fr. ; le 9 août 1821, à 85,55 ; le
19 avril 1831, à 84 fr.

ment et ne pas montrer qu'il n'y a faute et délit que
pour le peuple.

La Banque de France viole la loi, quand elle prête
à plus de 6 p. %, elle, le créancier qui a les plus
grandes garanties de remboursement.

Les tribunaux eux-mêmes violent la loi, quand
ils permettent à l'escompte de s'élever au-dessus du
taux légal, Il n'y a rien de plus prêt que l'escompte ;
mais les nécessités impérieuses du crédit ont fait
admettre, par la jurisprudence, que l'escompte n'est
que la vente d'une créance dans laquelle les parties
peuvent stipuler en toute liberté. Logiquement, en
droit et en fait, les deux opérations prêt et escompte sont de même nature. Elles sont morales ou
immorales toutes les deux à la fois. La distinction
de la jurisprudence n'est qu'un faux-fuyant, qui n'a
aucune base, ni pratique, ni juridique.

Voilà une recette souveraine pour éluder la loi
de 1807. J'ai besoin d'emprunter 100 francs pour 6
mois ; une solvabilité discutable ou l'état général du
marché des capitaux m'empêcherait de trouver de
l'argent à 5 p. % et les capitalistes prêteurs me
fermeraient impitoyablement leur porte ; mais j'ai
une autre formule à ma disposition, qui me permet-
tra ce qui m'était interdit tout à l'heure, et me dis-
pensera, peut-être, d'aller frapper chez un usurier.
Voici un Sézame qui m'ouvrira la caisse d'un banquier. J'ai un billet de mille francs à 6 mois
d'échéance, qui m'a été souscrit en paiement de

marchandises (si je n'en ai pas un, je le ferai moi-
même) (1); je le passe à l'ordre du banquier qui
au moyen de la retenue d'un escompte supérieur à
6 p. % me donnera de bons écus, qui pourront être
employés sur l'heure. L'agissement aura eu lieu à la
satisfaction commune de l'emprunteur et du banquier; la loi de 1807, seule, n'aura pas lieu d'être
satisfaite, car elle aura été éludée. Je sais bien que
la jurisprudence exige, en théorie, que l'escompte
soit réel et sérieux, et elle réserve le droit de voir
au-dessous un prêt usuraire. Mais comment y par-
viendra-t-elle? Quelle sera la pierre de touche du
prêt et celle de l'escompte? Il sera bien rare que de
déduction en déduction, un tribunal puisse arriver
à la certitude.

La loi de 1807 n'est applicable que sur le sol de
la France, elle n'a jamais été promulguée dans nos
colonies : en Algérie, un arrêté du Chef du pouvoir
exécutif, du 4 nov. 1848, avait fixé à 10 p. % le
taux de l'intérêt conventionnel. Les vices d'une loi
de maximum se manifestèrent aussitôt; la mauvaise
usure se développa dans une mesure si effrayante,
qu'un décret présidentiel du 18 novembre 1849, dé
libéré en Conseil d'État, dût rétablir, en Algérie, la
liberté de l'intérêt. Voici ce qu'on lit au *Moniteur*
24 novembre 1849 :

« Un décret du Président de la République vient
d'abroger l'arrêté du Chef du pouvoir exécutif, re-

_____

(1) La jurisprudence admet qu'il importe peu que l'effet escompté soit souscrit par l'individu qui le négocie ou par des tiers.
(Arrêt de Paris, 18 janv. 1839.)

latif à l'intérêt de l'argent en Algérie. Cet arrêté qui avait eu pour but de diminuer l'intérêt de l'argent dans ce pays, avait eu précisément un résultat opposé. Le commerce et la colonisation ne pouvaient plus se procurer de capitaux, ou ceux qu'ils parvenaient à se faire prêter étaient livrés à des prix exorbitants, par des personnes qui se faisaient nécessairement payer les peines ou la honte qu'elles avaient à braver.

« On ne peut se dissimuler que l'arrêté du 4 novembre 1848 n'a pas peu contribué à la crise dont l'Algérie est encore atteinte. Le décret 10 de ce mois, en rétablissant la concurrence, ramènera le cours des capitaux qui s'étaient établis entre la France et l'Algérie, et fera de nouveau descendre l'intérêt à un taux qui facilitera les transactions de commerce et les travaux de la colonisation. Cette mesure, si vivement réclamée par les Chambres de commerce d'Alger et d'Oran, et par la presse locale, sera accueillie comme un bienfait par l'Algérie entière. »

Quant aux capitaux de la métropole, une règle différente de celle des capitaux d'outre-mer, une loi restrictive les régit. Suspendue pendant quelques mois, lors des désastres de 1814, la loi de 1807 a repris son empire dès que le crédit refleurit par la paix dans la France appauvrie.

Depuis lors, cette loi a été l'objet de critiques incessantes qui ont été portées plusieurs fois à la tribune de nos Assemblées délibérantes. En 1836, M. Lherbette en proposa l'abrogation pure et simple à la Chambre des députés. Il fit valoir surtout les conditions économiques d'alors, bien différentes de

de celles de 1807. M. de Préfeln, le général De-
marçay soutinrent avec vigueur le projet de loi,
mais leurs efforts vinrent se briser contre un discours
de M. Dupin l'aîné, qui développa, avec son habileté ordinaire, l'imprécation de Caton : Prêter à un
homme ou le tuer, quelle différence y a-t-il? — Il
fut bien répondu à M. Dupin : « que les légistes ont
plus l'habitude d'interpréter les textes des lois que
de remonter à leur esprit, et que les principes de
l'économie politique ne sont pas les plus connus au
Palais. » Mais l'imprécation de Caton avait produit
son effet sur la masse de l'Assemblée, et le projet de
loi échoua.

En 1850, l'abrogation de la loi restrictive fut demandée incidemment dans la discussion d'un projet
de loi qui proposait, au contraire, une aggravation
de pénalité contre ses violations. M. Félix de Saint-
Priest avait présenté un projet comprenant deux dispositions différentes : d'abord une augmentation dans
les peines contre l'usure; puis un changement dans
le caractère du délit, qui de délit d'habitude aurait
été constitué par un simple fait de perception usuraire. La discussion générale souleva la question de
l'abrogation de la loi restrictive de l'intérêt; un
amendement de M. Sainte-Beuve fut proposé dans
ce sens. La question de principe et le projet de M. de
Saint-Priest furent discutés confusément et sans
ordre. L'amendement Sainte-Beuve fut soutenu avec
vigueur par son auteur et par Léon Faucher; l'Assemblée législative le repoussa. Elle refusa aussi de
changer le caractère du délit d'usure, mais convain-
cue de la nécessité du maintien d'une loi restrictive

de l'intérêt, elle adopta l'aggravation de peines proposées. Ce fut la loi du 19 décembre 1850.

M. Paillet, rapporteur de la loi, se contenta d'invoquer des raisons d'utilité sociale, de sûreté publique pour justifier le droit de l'Etat de fixer le taux de l'intérêt. Le numéraire était par là implicitement reconnu comme marchandise, et son possesseur libre, abstraction faite de toute loi restrictive, d'en disposer de tout autre objet.

M. d'Etchégoyen alla plus loin et nia que l'argent soit marchandise, et puisse être soumis aux mêmes dispositions législatives que les autres objets du commerce. « Je nie, dit-il, que les métaux convertis par l'Etat en monnaie courante puissent être considérés par la loi comme une marchandise, et voici pourquoi : sans aucun doute, l'or et l'argent pris en eux-mêmes, par leur prix de revient, d'extraction, de préparation, etc...., par les emplois qu'on peut en faire sont de véritables marchandises, et, comme tels, peuvent être échangés contre d'autres produits ou d'autres valeurs. Mais lorsque l'Etat, après avoir constaté le degré de pureté de ces métaux, après en avoir établi le titre et le poids, a posé sur eux l'empreinte de la loi, empreinte qui donne au morceau d'or et d'argent marchandise, non-seulement une qualité qu'il n'avait pas auparavant, mais encore un nouveau caractère; alors ces métaux transformés à la monnaie au nom de l'Etat, *ne sont plus marchandise particulière, ils deviennent signe général d'échange.*

« Peu importe que ce signe puisse, par une nouvelle fusion, reprendre son ancien caractère. Tant
qu'il conserve sa forme monétaire, la loi lui donne
un rôle différent et supérieur, et *l'Etat conserve le
droit de règlementer une force qui provient de lui.*

« Le numéraire n'obtient des droits exorbitants
qu'en vertu de l'empreinte qu'il reçoit de l'Etat;
l'Etat a donc le droit de limiter ses intérêts et de les
mettre en harmonie avec ceux des autres capitaux. »

Mais qu'importe cette forme particulière ou ce
caractère légal de la monnaie? Toute chose qui est
dans le commerce, qui peut faire l'objet d'un échange
est par cela même marchandise. C'est la matière or
ou argent, et non l'empreinte, qui représente la valeur; la monnaie a une valeur intrinsèque, réelle,
que le Gouvernement ne fait que garantir par son
sceau. L'empreinte du Souverain fait du métal con-
verti en monnaie une marchandise plus négociable
et plus sincère (1), voilà tout; mais elle ne saurait
lui donner le signe d'une valeur supérieure à sa valeur réelle, ce serait se faire accuser de fausse monnaie. Dès-lors, le loyer d'un capital n'est pas une
force qui provienne de l'Etat; sa force, il la tire de sa
valeur propre; la loi frappe le métal de son empreinte pour le préparer à la circulation, aux tran-

(1) Et puis, de la fonction de la monnaie dans les échanges, il
résulte que chaque marchandise peut servir d'échelle et de mesure commune pour la comparaison de la valeur de toutes les
autres; de sorte qu'on peut poser en principe avec Turgot : « Que
toute marchandise est monnaie, et réciproquement toute monnaie
marchandise. »

sactions, et non pour l'y soustraire; le métal est la propriété privée de son détenteur; et si l'Etat peut restreindre l'intérêt, s'il peut soumettre le contrat de prêt à des règles spéciales, c'est parce que ce contrat est comme tout autre dans le domaine de la loi, et non parce qu'il conserve le droit de *règlementer une force qui provient de lui.*

Le but de la loi de 1850 était de redoubler d'énergie le système des pénalités de la loi de 1807, que l'expérience montrait impuissantes à réprimer l'usure. Les campagnes furent surtout représentées comme envahies par ce mal indiscuté; l'intention était louable, mais le remède était-il bon? La loi de 1850 n'a fait qu'aggraver l'usure et prouver une fois de plus, la vérité des paroles de Montesquieu : « Le prêteur s'indemnise du péril de la contravention : » — « Il faut payer pour le prêt d'argent et pour le danger des peines de la loi. » Les habitants des campagnes ne trouvent à emprunter qu'auprès des plus hardis et des moins scrupuleux qui leur font payer une prime énorme pour les dangers de la police correctionnelle. Le vrai remède serait dans la libre concurrence qui élargirait le marché du prêt (1) et n'éloignerait pas les capitaux qui trouvent à la Bourse un placement fructueux; dans la liberté des transactions, reconnue aussi pour l'intérêt, liberté qui amène un fonctionnement normal dans le mouvement des capitaux dont la valeur est déterminée en toute justice

(1) Il serait nécessaire, de plus, d'établir dans les campagnes quelques institutions de crédit à formes simples, pour faciliter la circulation de l'argent.

par la loi de l'offre et de la demande, et les autres conditions économiques naturelles.

De tous les arguments mis en avant pour convaincre l'Assemblée législative de la nécessité d'une loi de maximum, celui qui parut produire l'impression la plus profonde, c'est que l'enseignement de l'histoire condamne la liberté de l'intérêt, et que la France en a fait une douloureuse expérience. Est-ce vrai? En Grèce, où le taux de l'intérêt jouissait d'une liberté illimitée, jamais on ne vit de dissensions causées par l'usure; à Rome, au contraire, malgré un système de lois restrictives, l'oppression des débiteurs fut portée à son comble, et les maux causés par une usure abominable faillirent engloutir la République. Dans notre vieille France, où la force des choses rendait le plus souvent illusoires les ordonnances prohibitives du prêt, le taux de l'intérêt était excessivement élevé. Vers le milieu du XVIIIe siècle, ce taux était en France de 10 à 12 p. %, tandis qu'il n'était que de 4 p. % en Hollande et de 3 p. % en Angleterre.

Enfin, s'il est certain que sous le droit intermédiaire l'usure prit des proportions alarmantes, la faute n'en est pas à la liberté de l'intérêt. Un peuple ne peut passer sans secousse d'un système complétement prohibitif à un système opposé, et il faut convenir ensuite que les circonstances étaient bien défavorables à l'éducation économique d'une nation. La France déchirée par la guerre civile, l'étranger à nos portes, les lois de *maximum* sanctionnées par des peines terribles, la confiscation et l'échafaud, les assignats portant la perturbation dans les transactions, l'État décrétant la banqueroute, il ne fallait pas tant de malheurs pour amener l'usure par la mort du crédit : la liberté de l'intérêt n'en doit pas être le bouc émissaire !

Aujourd'hui la liberté de l'intérêt peut se prévaloir de l'expérience faite par la plupart des nations qui nous entourent : les lois restrictives ont été abolies et aucune voix ne les regrette.

La liberté de l'intérêt a été proclamée :

En Hollande;
En Espagne, 1855;
En Piémont, 1857;
En Wurtemberg, 1858;

Aux États-Unis, le prêt est légalement libre dans la plupart des États : dans quelques-uns l'intérêt est fixé à 12 p. %, mais c'est là une loi inappliquée et purement nominale.

Un projet de loi abolissant le taux de l'intérêt doit être soumis dans la session actuelle à la Diète de l'empire d'Autriche.

Quelques mots sur l'Angleterre : les anathèmes des théologiens contre le prêt à intérêt n'y furent pas sanctionnés par les Statuts royaux et dans ce pays intelligent, par excellence, du mouvement des capitaux, le dicton populaire *times is money* ne date pas d'aujourd'hui. En autorisant le prêt à intérêt Henri VIII en avait fixé le *maximum* à 10 p. % : Ce taux fut maintenu par ses successeurs : le statut de la reine Anne le fixa à 5 p. %. Cet édit toujours

vivant en théorie, a été éludée de mille manières
suivant le génie particulier de la jurisprudence an-
glaise (1). Dans le siècle dernier, un économiste à
plume incisive, Bentham (2), consacra un brillant
pamphlet à la démolition du système restrictif, et un
jurisconsulte vénéré Blakstone (3), en fit la critique

(1) Expression de M. Bonjean, dans son rapport au Sénat.

(2) Bentham formule ainsi, dans sa première lettre *Sur la Défense de l'usure*, le résultat de son étude : « Nul homme parvenu
à l'âge de raison, jouissant d'un esprit sain, agissant librement
et en connaissance de cause, ne doit être empêché, même par
des considérations tirées de son avantage, de faire comme il l'entend tel marché que ce soit, dans le but de se procurer de l'argent, et par conséquent personne ne doit être empêché de lui
donner ce qu'il demande aux conditions qu'il veut bien accepter. »
Bentham démontre ensuite l'insuffisance des lois restrictives, et
les inconvénients qu'elles entraînent. Il montre « l'impossibilité
absolue où elles mettent un très grand nombre de gens de se
procurer l'argent que leurs embarras peuvent leur rendre nécessaire.... La nécessité, pour un très grand nombre de gens qui
ne sont pas totalement dépourvus de moyens de se procurer de
l'argent, de ne le faire qu'aux conditions les plus désavanta-
geuses.... l'inconvénient résultant de ce qu'un grand nombre de
personnes sont écartées de la concurrence par le danger que
présentent les transactions de cette nature, etc., etc. »

(3) Blakstone soutient « qu'il ne saurait y avoir aucune bonne
raison d'entraver le commerce de l'argent plus que celui de toute
autre marchandise. » Il le compare au commerce des chevaux :
« Les chevaux sont un objet de première nécessité, et le mal de
faire un bon marché est aussi grand dans un cas que dans l'autre : il y a, en outre, entre eux, cette analogie que, pour le
commerce de chevaux, il existe un nom dont le public flétrit
ceux qui l'exercent trop largement. Pourquoi donc, tout en permettant le commerce honnête des chevaux, ne prendrait-on pas
des mesures pour empêcher l'infâme *maquignonage*, et dès-lors
pourquoi ne pas établir un taux au-delà duquel il sera défendu
de vendre les chevaux : — mille francs, je suppose. Ainsi le che-
val de charrue, comme le vainqueur aux courses d'Epsom, sera

sous une forme humoristique qui devait plaire au peuple anglais.

De nos jours, le statut de la reine Anne a subi des abrogations partielles et des suspensions qui, répétées chaque fois que leur délai expire, font de la loi restrictive une loi nominale. Des enquêtes ont eu lieu, pour constater les résultats de ces innovations : elles ont constaté les services rendus par la liberté de l'intérêt au commerce britannique qui a pu traverser sans secousses des crises qui ont fortement éprouvé le commerce français.

Voici notamment les résolutions célèbres, adoptées en 1818 par la Chambre des communes, résolutions qui précédèrent un statut de Georges III, abrogeant partiellement le statut de la reine Anne. On constatera les conclusions tout-à-fait opposées tirées par notre loi de 1850 de faits identiques :

« C'est l'opinion du comité que les lois qui règlent ou limitent le taux de l'intérêt, ont été éludées sur la plus grande échelle, et qu'elles n'ont pas atteint le but qu'on se proposait en fixant un maximum ; que dans les années qui viennent de s'écouler le taux réel de l'intérêt ayant constamment excédé sur le marché le taux fixé par la loi, le Législateur n'a fait qu'aggraver les dépenses supportées par lesem-

---

vendu mille francs ; si non, *maquignonage*. Les chevaux pourront être plus rares, n'importe, *maquignonage* ; le prix des fourrages a pu augmenter : mille raisons peuvent faire que les chevaux soient recherchés, n'importe ; le législateur a bien à faire de s'occuper de cela ; *maquignonage* : quel intérêt voulez-vous qu'inspirent de vils maquignons ? » (*Lois anglaises.*)

prunteurs, qui avaient cependant de bonnes garanties
à offrir ; que ces emprunteurs se sont vus contraints
de recourir au système des annuités viagères, système imaginé pour masquer un intérêt supérieur à
l'intérêt légal et, qu'en définitive, ceux qui avaient
à emprunter ont dû tantôt supporter des frais considérables, tantôt vendre des propriétés à des prix
onéreux.

« C'est l'opinion du comité, que les lois sur l'usure,
appliquées aux transactions du commerce, tel que
le commerce se pratique aujourd'hui, on jeté une
grande incertitude sur la légalité des transactions
les plus fréquemment usitées et qu'elles ont, par
conséquent, amené beaucoup d'embarras et de
procès. Le comité conclut à l'abrogation desdites
lois. »

Ainsi voilà les lois restrictives de l'intérêt condamnées pour nos colonies et répudiés par toutes
les nations qui nous entourent. Dans ces dernières années, une brèche importante a été faite
législativement à la loi de 1807 : c'est la loi du 9 juin
1857, accordant à la Banque de France le droit d'é-
lever jusqu'à 12 p. % le taux de ses escomptes et
l'intérêt de ses avances. L'attention publique s'est
alors reportée sur la loi restrictive et plusieurs tribunaux de commerce en ont demandé l'abrogation.
Lors de la discussion de la loi de 1857, l'opinion ne
put s'empêcher de remarquer la contradiction flagrante de permettre à l'établissement financier qui a
le moins de risques à courir, puisqu'il a la garantie
solidaire de trois signatures solvables, de prêter à

un taux que la loi de 1807 dit hautement usuraire. Le président du Conseil d'État, M. Baroche, dit à la Chambre que la loi de 1807 n'étant pas abrogée devait être obéie, mais que le gouvernement s'occupait de la question qui serait prochainement soumise à l'Assemblée.

Dans la session législative qui vient de s'écouler, la promesse du Gouvernement lui a été rappelée à la fois au Corps Législatif et au Sénat.

Lors de la discussion du budget, M. Kœnigswaster (1), député au corps Législatif, a demandé l'abrogation formelle de la loi de 1807.

Le Sénat a été saisi par voie de pétition de deux demandes relatives à la loi restrictive de l'intérêt : la première signée, de vingt-sept banquiers ou escompteurs de la Charente, voulait la suppression absolue de la loi ; la deuxième se bornait à en demander la modification, en ce qui concerne spécialement les rapports des commerçants français avec les colonies et l'étranger. Voici comment le rapporteur, M. Bonjean, a résumé les deux pétitions :

(1) Les idées favorables à la liberté du taux de l'intérêt gagnent chaque jour du terrain en France. Il y a quelques années, M. Kœnigswaster n'allait pas jusqu'à demander la suppression absolue de la loi de 1807. Voici la disposition principale d'un projet développé par M. Kœnigswaster dans la *Revue de jurisprudence* en 1837 : « L'intérêt commercial doit être stipulé par écrit et ne peut excéder 6 %. Cependant, si des intérêts supérieurs ont été stipulés sans dol ni fraude, et en pleine connaissance de l'emprunteur, celui-ci ne pourra les répéter quand il les aura payés; mais la loi refuse l'action judiciaire au prêteur pour contraindre l'emprunteur à les payer. »

« Comment (disent les signataires de la première), comment pourrions-nous fournir à 6 p. °/₀ l'argent que la Banque de France nous fait payer 7, 8 ou même plus ? — On nous propose de recourir au droit de commission ajouté à l'intérêt ; mais qui ne sait les dangers auxquels cet usage nous expose devant les tribunaux ? — L'un de nous n'a-t-il pas été traîné en justice, comme usurier, pour l'une de ces perceptions accessoires qu'un emprunteur mécontent transforme en combinaisons usuraires ? La justice est là, sans doute, pour faire la part de chacun ; mais qui ne sait combien de tels procès, même alors qu'on les gagne, laissent après eux d'impressions fâcheuses pour les familles ? — Au lieu de ces fictions qu'on a justement repoussées en 1857 pour la Banque de France, ne vaut-il pas mieux rentrer complètement dans la vérité ? »

Les exportateurs, auteurs de la 2ᵐᵉ pétition, se placent à un point de vue différent.

Par suite des traités de commerce, faits et à faire, le négoce français, à l'intérieur, va prendre une grande expansion ; il faut le mettre en état de lutter avec la concurrence étrangère, en supprimant la cause d'infériorité qui résulte de l'intérêt de l'argent. — Sommes-nous débiteurs de l'étranger, disent-ils, nous payons suivant les pays 8, 10, 12, p. °/₀ ; sommes-nous créanciers, nous poursuit comme usuriers, si nous percevons au-delà de 6 p. °/₀ ; — n'est-ce pas là une inégalité choquante, alors surtout qu'il s'agit d'opérer ces compensations si fréquentes entre deux maisons en rapport d'affaires ? Est-il juste que l'avoir porte intérêt seulement à 6, quand le *doit* en produit à 12 p. %? »

Le rapport de la commission conclut au maintien de la loi de 1807 en matière civile; en matière commerciale, il propose de donner satisfaction aux pétitionnaires sur les deux points suivants :

1° Toutes les fois que la Banque de France élèvera le taux de ses escomptes, les banquiers seront autorisés de plein droit, à élever le leur dans la même proportion.

2° Dans leurs relations avec les négociants étrangers et avec ceux de l'Algérie et des colonies, les négociants français pourront valablement stipuler un intérêt égal à celui en usage dans le pays habité par l'autre partie.

Après la lecture du rapport, M. Dupin a demandé *l'ordre du jour pur et simple.* Il est certain qu'un esprit convaincu comme le sien de la nécessité de la loi de 1807, ne peut donner son approbation aux conclusions du rapport, quoique paraissant ne porter que sur des points secondaires. La liberté du taux de l'intérêt en sort toute armée par voie de conséquence. De même que malgré le principe que la contrainte par corps ne s'exerce que dans des cas exceptionnels, il est très facile au créancier de la stipuler en obtenant l'engagement de son débiteur sous la forme commerciale de la lettre de change; du même ici la loi de 1807 pourra être éludée chaque jour par la simulation de remises d'argent d'une

place française sur une place étrangère. Peut-être
est-ce l'idée secrète de la commission du Sénat de
permettre indirectement la violation d'une loi populaire, tout en n'osant pas en proposer une abrogation formelle. Une discussion ultérieure sur le
rapport devait avoir lieu en séance publique, mais
la discussion annoncée n'a pas eu lieu.

Quoi qu'il en soit, que la loi restrictive du taux de
l'intérêt soit abrogée formellement, ou qu'elle soit
mise indirectement au nombre des friperies législa-
latives, le résultat prédit par l'économie politique
aura lieu : c'est que si les lois qui interdisaient d'une
manière absolue le prêt à intérêt ont fait leur temps,
les lois qui règlent le taux de l'intérêt d'une manière absolue et fixent un maximum passeront de
même, car l'effet de cette législation va contre son
but (1).

(1) Léon Faucher.

DROIT ROMAIN.

Le prêt à intérêt portait à Rome le nom de *fœnus* : le fœnus était le prêt de consommation, le *mutuum* dépouillé de son caractère ordinaire de gratuité, et transféré par un prix de la classe des contrats de bienfaisance dans celle des contrats à titre onéreux. « Mutuum a fœnore distat quod mutuum sine usuris, fœnus cum usuris sumitur. (Saumaise, *de Usuris*.)

Le montant de la dette principale, le capital prêté, s'appelait *sors*, *caput*. Le produit du capital prenait aussi le nom de *fœnus* et plus souvent celui d'*usura*.

Le grammairien Festus faisait dériver le mot *fœnus* de *fœtus*, *quasi fœtura* : « Fœnus a fœtu, dit-il, quod crediti numino alios pariant : ut eadem res apud græcos τοκος dicitur. L'intérêt était considéré comme un produit direct du capital prêté. — L'usura est le prix payé *propter usum* par l'emprunteur : c'est le prix de l'usage du capital prêté « usuræ propter usum medii temporis perceptæ (Papinien).— Les jurisconsultes Romains considèrent le plus souvent l'intérêt comme un fruit de l'argent, *incrementum fœnoris, accessio pecuniæ :* aussi Ulpien dit-il : « usuræ vicem fructuum obtinent, et merito non debent a fructibus separari. » (Loi 34, Dig., *de Us.*)

Quant au taux de l'intérêt, il n'a été en aucun pays aussi souvent modifié qu'à Rome : ses variations, cause éternelle des dissensions de la plèbe et du patriciat, remplissent l'histoire de la République. Quelques pages sur ces variations, leurs causes, leurs effets, les lois qui les ont établies, et puis j'étudierai le prêt à intérêt en lui-même, dans les textes du Digeste et du Code.

I.

Les conditions économiques et sociales de l'ancienne Rome nous prouvent que le taux de l'intérêt y devait être élevé. On l'aurait deviné (1) si on ne l'avait pas su. Les historiens nous montrent les Ro-

(1) J.-B. Say, *Tr. d'éc. pol.*

mains des premiers siècles de la République comme
un peuple nullement commerçant : la nation était
pauvre : sa richesse monétaire consistait en pièces de
cuivre non frappées et peu abondantes (1). La seule
industrie du peuple était l'agriculture : agriculteur
et conquérant, le Romain méprisait le négoce et
l'abandonnait aux esclaves et aux affranchis (2). Les
plébéiens s'adonnaient pendant la paix à la culture
du sol conquis sur l'ennemi : mais les incursions des
peuplades guerrières du Latium ne laissaient pas de
trêve, et au moment le plus inopportun il fallait aban-
donner la charrue pour les armes et marcher au
combat : le plébéien, quittant sa famille, repoussait,
sans avoir droit à une solde, les Samnites et les Vols-
ques, envahisseurs du sol Quiritaire. De retour à
Rome après la victoire, il voyait la moisson détruite ou le temps des semailles passé : il avait donné
son sang et l'avenir de sa famille pour un mince
butin dont le patriciat s'adjugeait la plus grosse portion par la fraude. C'était encore bien pis après une
défaite : de retour dans ses foyers, le plébéien
voyait son champ foulé par le pied de l'ennemi, sa
maison détruite par le pillage ou par l'incendie : il
se trouvait réduit avec sa famille à la plus affreuse
misère.

Il fallait vivre pourtant : pour vivre, le plébéien
empruntait, et empruntait à un ennemi !

(1) Non erat apud antiquos Romanos numerus ultra centum
millia (Pline).
(2) Denys d'Halicarnasse prétend qu'il était défendu au
citoyen Romain de gagner sa vie par le commerce ou les arts
manuels.

La caste patricienne, les *Gentes*, maîtresse du gouvernement par la constitution de Servius Tullius, de la religion, par le secret des formules, détenait encore seule toute richesse. Des partages frauduleux lui donnaient la presque totalité du territoire conquis sur l'ennemi, de cet *ager publicus* dont les tribuns devaient plus tard disputer la possession par des lois agraires : le plébéien était son fermier, et lui payait une redevance. De nombreux patriciens, retenus à Rome pendant la guerre pour l'exercice des fonctions publiques, pouvaient semer leurs champs et récolter leurs moissons : c'était à eux que le plébéien empruntait : recevant leur or à un intérêt énorme, il engageait sa liberté et sa vie par la formule consacrée de *l'æs et libra* !

Les patriciens trouvèrent dans le prêt à intérêt un levier puissant pour asseoir leur domination sur la plèbe : ils rendirent ce contrat imposant et solennel en le revêtant de la forme sacramentelle de la *mancipatio*. Le *Nexum* fut le contrat de prêt accompli par ce moyen vénéré, formé à la fois sous les auspices de la religion et de la politique, devant un pontife porte-balance, *le libripens*, et cinq témoins Romains, rappelant la division du peuple en cinq classes. La sanction de *l'obligatio nexi* devait être terrible, car la violer c'était contrevenir à la fois aux lois divines et humaines! L'insolvable devenait la proie d'un créancier impitoyable qui pouvait le réduire en esclavage et le mettre à mort!

Dévoré par des intérêts dont le taux énorme lui était imposé par les patriciens, poussé à bout par la misère, le peuple ne voyait de moyen de salut que dans la violence : il se soulevait contre ses créanciers, et les discordes civiles ensanglantaient le Forum. L'ennemi était-il aux portes de Rome, le peuple refusait d'aller le combattre, avant d'avoir obtenu l'abolition des dettes, *tabulas novas*. Les patriciens cédaient pour devenir plus âpres au gain, dès le danger passé. « Sane vetus urbi fœnebre malum, dit Tacite, et seditionum discordiarumque creberrima causa. » Montesquieu dit que la question des dettes ébranla plusieurs fois la constitution de Rome jusque dans ses fondements, et lui fit plus de mal que le sac des Gaulois et les victoires d'Annibal.

La première garantie accordée aux plébéiens contre l'avidité patricienne se trouve dans la loi des XII tables : le taux de l'intérêt fut limité pour la première fois, et une amende du quadruple infligée au prêteur qui aurait excédé le taux légal. Caton nous donne connaissance de cette peine pécuniaire, et Tacite, dans une page de ses *Annales*, nous apprend que la loi des XII tables défendit de dépasser le taux de *l'usure oncière*.

« Primo duodecim tabulis sancitum ne quis unciario fœnore amplius exerceret quum antea libidine locupletium agitaretur. »

Montesquieu prétend que ce n'est pas la loi des XII tables qui a établi *l'unciarium fœnus*, et il révoque, sur ce point, en doute le témoignage de Tacite (1). Il est pourtant impossible de s'inscrire en

(1) *Esprit des lois*, l. 22, chap. 22.

faux contre ce que dit le grand historien : il n'ignorait certes pas les dispositions de la loi décemvirale
que l'on faisait apprendre par cœur aux jeunes Romains, et qui est invoquée par les historiens et les
jurisconsultes plus de deux siècles après lui.

Mais quel fut le taux de l'intérêt maximum fixé
par la loi des XII tables ? Que faut-il entendre par
l'expression *unciarium fœnus* ? Peu de questions ont
soulevé plus de controverses et ont donné lieu à
autant de systèmes : bien des flots d'encre ont été
versés, bien des injures échangées en Italie, en Alle-
magne et en France par de nombreux savants pour
résoudre un problème historique que Marezoll trouve
insoluble (1).

Quel capital produisait l'intérêt d'une once ?

Quel délai faisait produire une once à ce capital ?

Nous connaissons l'unité d'intérêt, mais comment
déterminer l'unité de capital, comment déterminer
l'unité de temps ? — On voit quel vaste champ
s'ouvre à l'hypothèse.

Un premier système (2) prend l'as pour unité de
capital et le mois pour unité de temps : de sorte
que l'*unciarium fœnus* de la loi des XII Tables aurait
signifié un douzième du capital par mois et que
l'année aurait doublé le capital ! Cette opinion
excessive n'a pas survécu au XVIe siècle : quelque
abominable qu'ait été à Rome l'usure patricienne,

(1) La loi des XII tables avait fixé le *fœnus unciarium* comme
le taux d'intérêt le plus élevé... Mais nous ne savons pas ce
qu'il faut entendre par là. (Marezoll, *Droit privé des Romains*.)
(2) Coquille, sur Nivernais. (*Théorie des Cheptels*.)

l'esprit se refuse à admettre que les plébéiens
aient accepté comme un bienfait le taux de cent
pour cent.

Une seconde opinion veut que l'*unciarium fœnus*
soit le centième du capital par an, le 1 °/°. Mais si
le taux de l'intérêt est inadmissible par son énor-
mité dans le premier système, n'est-il pas ici dérisoire? Quoi ! C'est pour un taux si minime d'intérêt
que la plèbe aurait poussé des cris de détresse ? Ne
sommes-nous pas d'ailleurs chez une nation pauvre
et sans industrie, chez laquelle l'argent doit par
conséquent être cher ? Ce n'est pas un intérêt de 1 °/°
qui amène le débiteur à sa ruine : ce n'est pas un
intérêt de 1 %, qui, suivant le témoignage de Tacite
aurait pu être abaissé de moitié. Malgré un grand
nombre d'autorités imposantes, et celles notamment
de Cujas et de Pothier, je crois cette opinion
inadmissible.

Un troisième système veut que l'*unciarium fœnus*
soit l'intérêt de 12 °/° : il a pour lui plusieurs maî-
tres de la science : le mois est l'unité de temps et
le nombre cent le type du capital prêté ; la comparaison à ce nombre de l'as et de ses subdivisions
donne le rapport de l'intérêt au principal. Le capital 100 produit une once d'intérêt par mois et par
conséquent un as ou douze onces d'intérêt par an.
Dans ce système l'*unciarium fœnus* ne serait que la
centesima usura en usage à la fin de la République
et sous l'Empire: l'ambassade problématique envoyée
à Athènes pour étudier les lois de Solon, aurait rap-

porté à Rome l'usage grec, de calculer l'intérêt sur le nombre 100 et sur le délai d'un mois. Mais je crois ce système contraire à l'autorité historique : les premiers Romains rapportaient tout à leur type monétaire national l'as, et calculaient l'intérêt par an et non par mois. Ce ne fut qu'au temps de Cicéron que s'établit à Rome l'usage de supputer un intérêt mensuel sur le capital 100.

Voici l'opinion à laquelle je crois pouvoir m'arrêter : — L'unité monétaire à Rome était l'*as*, la livre de cuivre qui se divisait en douze parties égales appelées *onces* (*unciæ*). L'as éveillait chez les Romains l'idée d'un ensemble, d'un tout, d'une universalité divisible : c'est ainsi que l'hérédité était considérée par eux comme formant un *as* complet et l'héritier du *corpus integrum* était nommé *hæres ex asse*, l'héritier pour moitié *hæres pro semisse* : la division par onces présidait à l'action *familiæ erciscundæ*. De même les Romains prirent l'as comme type du capital prêté : la douzième partie de ce capital, l'once, en fut l'intérêt.

Mais quel laps de temps fallait-il pour que l'*as* produisît l'*uncia*? Nous savons que l'année civile de douze mois était inconnue aux Romains à l'époque de la loi des XII tables : leur année était l'année cyclique de dix mois. L'intérêt annuel d'un capital était donc le denier douze (8 1/3 p. %).

Le douzième du capital prêté, l'*uncia*, formait donc l'intérêt annuel. Cette once put à son tour être considérée comme un tout, susceptible de fractions duodécimales : l'intérêt d'une année fut considéru comme un nouvel as, divisé à son tour en douze onces. Cela nous est prouvé par le texte de Tacite qui dit, qu'après la loi des XII tables, l'intérêt fut *ad semiuncias redacta*. C'est sur cette division de l'*unciarium fœnus* en douze parties qu'est basée la nomenclature dont les textes des jurisconsultes donnent à chaque instant des exemples.

Mais si la loi des XII tables avait mis un frein à l'avidité des prêteurs en fixant le taux de l'intérêt, elle n'avait pas détruit les terribles moyens d'exécution que des lois plus anciennes mettaient dans les mains des créanciers. L'esclavage pour dettes avait déjà existé chez les peuples de la Grèce; mais le matérialisme formidable du Droit romain primitif pouvait seul faire un coupable forcément dévoué à l'esclavage ou à la mort du débiteur insolvable; il s'est engagé par les liens traditionnels de la formule de l'*æs et libra*: il doit être sacrifié pour avoir manqué à la foi jurée: il a outragé Rome et les Dieux! Les rigueurs de la *manus injectio* et de l'*addictio* étaient déjà connues à Rome sous les rois, et la loi décemvirale ne fit que les réglementer.

L'insolvable condamné ou qui avait avoué sa dette devant le magistrat était soumis à la *manus injectio* et adjugé (*addictus*) à son créancier. Celui-ci avait le droit de le charger de chaînes dans une prison privée (*in ergastulo*). Après l'*addictio* commençait un délai de 60 jours pendant lesquels le créancier conduisait le débiteur enchaîné sur le Forum, au lieu du *comitium*, devant le magistrat, à trois jours de marché successif (*tribus nundinis*): il faisait crier

par la voix d'un hérault le chiffre de la dette : s'il ne
se trouvait aucun citoyen généreux pour la payer ou
pour en répondre (*vindex*), le débiteur tombait en
esclavage : le créancier pouvait le vendre au-delà du
Tibre ou le mettre à mort. Si le débiteur s'était
engagé vis-à-vis de plusieurs créanciers, ils avaient
le droit de se partager son corps en proportion de
leurs créances : « Tertiis nundinis partes secanto : si
plus minusve secuerint, se fraude esto (1). »

Plusieurs autres, notamment Montesquieu (2) et
Heineccius (Antiquités romaines) ont révoqué en
doute l'existence de cette procédure sanguinaire et
le droit de mettre à mort le débiteur écrit dans la loi
des 12 Tables : mais ce point est mis hors de con
teste par un passage d'Aulu-Gelle (3) qui nous a
conservé le texte même de la loi des 12 Tables : il

(1) Loi des 12 Tables. Elle déterminait aussi le poids des chaînes dont peut être chargé l'*addictus* dans l'*ergastulum* de son
créancier : il ne pouvait pas dépenser 15 livres « Vincito, aut
nervo, aut compedibus quindecim pondo, ne majore, aut si
volet, minore vincito. » Le créancier n'est tenu de fournir qu'une
livre de farine par jour pour la nourriture de son *addictus* : « Si
volet suo vivito : ni suo vivit libras farris indo dies dato : si volet,
plus dato. »

(2) L'opinion de quelques jurisconsultes que la loi des 12 Tables ne parle que du prix du débiteur vendu, est très vraisemblable. (*Esprit des Lois.*)

(3) « Tertiis nundinis capite pœnas dabant vel peregre venum
ibant. » (*Aulus-Gelle, Nuits attiques.*)

Bynkershœck ne craint pas de traduire ainsi, dans le texte
d'Aulu-Gelle, les mots « capite pœnas dabant, » les intérêts seront payés avec le capital : cette traduction dérisoire fait dire à
M. Troplong (préface de la Contrainte par corps) : « Comment !
tout cet appareil formidable, cette vocation en justice, cette addiction, ces chaînes et ces cachots, tout cela aura été mis en
œuvre pour arriver..... au paiement des intérêts. »

est impossible de n'y pas croire devant la précision des termes : « *capite poenas dabant : partiri corpus addicti sibi homines permiserunt.* » Du reste le témoignage d'Aulu-Gelle est confirmé par Quintilien (1) et par Tertullien (2). D'ailleurs peut-être cette disposition n'a-t-elle jamais eu qu'un caractère comminatoire (3). Mais la haine portée par le patriciat à la plèbe doit nous conduire à penser que la disposition de la loi des 12 Tables dût être plus d'une fois mise à exécution (4).

Si la contrainte rigoureuse de l'*addictio* n'avait pas été écrite dans la loi des 12 Tables, le peuple aurait pu respirer, car le taux de l'*usure onciaire* n'était ni trop grand ni trop petit pour l'époque. Mais la dureté patricienne tenait le malheureux débiteur courbé sous sa verge de fer : les prisons privées se remplissaient d'insolvables et à chaque jour de marché les *addicti* étaient traînés devant le magistrat par centaines (5). Aussi les tribuns du peuple prennent-

(1) Quintilien cite, comme exemple de lois contraires à la nature, le droit donné au créancier par la loi des 12 Tables, de mettre à mort son débiteur.

(2) Sed et judicatos, in partes secari creditoribus leges erant.

(3) Dissectum esse antiquitus neminem equidem neque legi neque audivi. (Aulu-Gelle, *Nuits attiques*.)

(4) Niebhur croit que les patriciens mirent en jeu cette terrible menace (*Hist. rom.*, trad. de Golb., tome IV) ; mais que plus tard, les tribuns auraient indubitablement interposé leur autorité contre un furieux qui aurait voulu éteindre dans le sang du débiteur la colère que lui inspirait la perte de son argent.

(5) An placeret, fœnore circumventam plebem potuis quam sorte creditum solvat, corpus in nervum ac supplicia dare et gregatim quotidie de foro addictos duci, et repleri vinctis nobiles domos ? et ubicumque patricius habitat, ibi carcerem privatum esse. (Tite-Live, VI, 36.)

ils les dettes pour champ de bataille ; ils soulèvent la plèbe contre ces intraitables créanciers. Manlius Capitolinus sert de *vindex* à quatre cents débiteurs pour leur éviter les dernières rigueurs de l'addiction, et les libère *per æs et libram*. Un malheureux centurion connu par sa bravoure est amené couvert de chaînes au forum ; Manlius s'écrie avec indignation : « Non, je ne souffrirai pas, moi, le sauveur du Capitole, qu'un de mes frères d'armes soit traité comme un prisonnier des Gaulois et soit livré au fer et à l'esclavage. » Le peuple est entraîné par Manlius et ses partisans au récit des malheurs du centurion (1) et obtient par la menace l'imputation des intérêts perçus sur les capitaux des dettes. Quelques années après, devant une émeute populaire, les patriciens durent suspendre les poursuites contre les débiteurs plébéiens (*nequis jus de pecunia credita diceret*, Tite-Live), qui refusaient de marcher à l'ennemi. Mais la guerre terminée, les rigueurs reprirent leur cours et les plébéiens furent placés dans une situation aussi intolérable que par le passé.

Portés au pouvoir par l'exaspération du peuple, les tribuns Licinius Stolon et Sextius obtiennent par la violence la diminution des dettes, le partage de l'*ager publicus* et ouvrent le consulat aux plébéiens. La loi *Licinia* (an 378 de Rome) décida que les intérêts déjà payés seraient imputés sur le capital et que les débiteurs pourraient se libérer du sort principal

---

(1) Se militantem, se restituentem eversos penates, mergentibus semper sortem usuris, obrutum fœnore esse. (Tite-Live, VI, 14.)

en trois payements annuels et sans intérêts (1). Les dissensions occasionnées par les dettes qui avaient déjà valu le tribunat aux plébéiens augmentèrent leur pouvoir politique : Mais l'admission au consulat fut l'avantage le plus grand que le peuple retira des rogations Liciniennes : elles n'apportèrent au *fœnebre malum* qu'un soulagement de peu de durée. Le crédit du peuple fut ébranlé par une loi qui décrétait une banqueroute : les patriciens détenteurs de l'argent en haussèrent le prix devant une mesure qui portait la perturbation dans le payement des sommes prêtées : le taux de la loi des 12 Tables jusqu'alors respecté fut violé, et le peuple ne trouva de l'argent qu'à des intérêts excessifs. « Les créanciers, dit Montesquieu, voyant le peuple leur débiteur, leur législateur et leur juge, n'eurent plus de confiance dans les contrats... Le peuple, comme un débiteur discrédité ne tentait à emprunter que par de gros profits (2). »

Tite-Live nous apprend que dix ans après la *loi Licinia*, en l'an 398 de Rome, une loi fut portée pour ramener les préteurs à l'observation de la loi des 12 Tables : C'est *la loi Ducilia* votée d'acclamation par le peuple sur la proposition des tribuns L. Duilius et L. Menius : son titre rappelle le taux de la loi décemvirale (*de Unciario fœnore*).

Quelques années après, en 408 de Rome, une loi réduisit l'intérêt de moitié : Tite-Live la mentionne

---

(1) Les rogations liciniennes furent accusées, par les patriciens, de violer la foi promise, *totam fidem tollere* (Tite-Live, VI.)
(2) Esprit des Lois, liv. 22, chap. 21.

« *semunciarium* tantum, ex *unciario* fœnus factum
est. » Tacite parle aussi de cette loi dans ses Annales :
« Deinde rogatione tribunitia *ad semuncias* redacta
versura. » (Ann. VI, 16).

Tite-Live parle ensuite avec une réserve dubitative
d'une *loi Genucia* qui aurait aboli entièrement l'intérêt du prêt : (*ne omni modo fœnerare liceret* (1) :
Tacite, sans donner le nom de la loi, affirme qu'elle a
existé : (*postremo vetita versura. —* Ann. VI, 16).

La succession, à peu d'années de distance de ces
lois, nous montre qu'elles n'étaient pas observées :
elles ne survécurent pas sans doute au tribunat de
celui qui s'en était fait un moyen de popularité. Le
taux de l'usure *semunciaria* n'était évidemment pas
assez élevé pour l'an 408 de Rome, et si la *loi Genucia*
a existé, il est certain que cela n'a été qu'un jour.
L'histoire et la littérature en offrent le témoignage :
c'est en l'an 420 de Rome que Tite-Live place l'histoire de ce jeune *Nexus* que le peuple arracha aux
violences impudiques de son créancier (VIII, 28), et
c'est quelques années après qu'étaient représentées
les comédies de Plaute où l'usage du prêt à intérêt se
trouve rappelé à chaque instant (2).

Dans leur durée éphémère ces lois étaient d'ailleurs

(1) Tite-Live, VII, 42 : Præter hæc invento apud quosdam
L. Genucium, tribunum plebis tulisse ad populum ne *omni modo
fœnerare liceret*..... quæ, si omnia concessa sunt p'ebi, ad paret
haud parves vires defectionem habuisse.

(2) ...... Invenires mutuum, ad Danistam devenires, ad deres
fœnesculum. (Pseu dolus.) Nam si mutuas non potero, certum
est, sumam fœnore. (Asinar.)

facilement violées. Elles ne s'appliquaient qu'aux citoyens romains ; les prêts se faisaient alors par l'interposition de la personne d'un latin ou d'un allié,
et par cette simulation, des usures illimitées étaient
stipulées : là loi *Sempronia* mit un terme à ces fraudes
en étendant le droit de Rome sur les dettes aux Latins
et aux alliés (1) : suivant Montesquieu une *loi Gabi-
nia* l'étendit ensuite aux habitants des provinces.

Appien nous montre encore en l'an 84 de Rome
les lois sur l'usure constamment violées : à l'émeute
du peuple votant des lois favorables aux débiteurs
succédaient les réactions patriciennes : nous voyons
les patriciens assassinant en plein forum le préteur
Asellio qui voulait revenir à l'ancien droit (2) et rétablir l'amende des 12 Tables.

Mais le temps était venu où les plébéiens allaient
voir diminuer leur infériorité dans la distribution de
la richesse et purent se soustraire aux dures conditions sociales qui leur imposaient les emprunts.
L'humble bourgade du Latium était devenue la maîtresse du monde : les plébéiens ne devaient plus à
leurs frais le service militaire ; une solde était payée
aux légionnaires : on pouvait exercer en paix à Rome
les travaux de l'agriculture ou s'adonner à l'industrie
et au commerce qui ne soulevaient plus l'horreur

(1) « Marcus Sempronius, tribunus plebis ex autoritate patrûm
plebem rogàvit, plebsque scivit, ut cum sociis ac nomine Latino,
pecuniæ creditæ jus idem, quod cum civibus romanis, esset. »
(Tite-Live, XXXV, 7.)

(2) Ibi fœneratores ægre ferentes, renovari mentionem legis
veteris, prætorem tollunt et melio. (Appien, liv. 7.)

des temps antiques : les richesses des peuples et des rois vaincus rendaient l'argent plus abondant ; le lourd as de cuivre avait cédé la place à une monnaie frappée plus commode ; les distinctions entre la plèbe et le patriciat s'effaçaient tous les jours.

C'est sous l'influence de tous ces faits que les vieilles dissensions cessèrent, et qu'un Sénatus-consulte modifiant définitivement la loi des 12 Tables pût établir à Rome un taux d'intérêt qui y demeura en vigueur pendant des siècles. La rude civilisation romaine avait ressenti le contact des habitants de la Grèce vaincue : beaucoup d'habitudes grecques furent adoptées par les Romains : celle notamment de prendre le nombre 100 pour unité de capital et de faire chaque mois le règlement des intérêts. Cette coutume attique fut traduite à Rome par la *centesima usura*, la *centésime* : l'*unciarium fœnus* lui céda la place et comme l'année cyclique de dix mois avait été remplacée par l'année civile de 12 mois, le taux de la centésime ou d'un centième du capital par mois devint l'intérêt à 12 p. %.

La centésime fut la *legitima usura* des jurisconsultes classiques et des constitutions impériales : 12 p. % devint l'unité d'intérêts exigibles pour un an, l'*as usuraire*. Cet as se divisait en 12 onces : l'*uncia* sera désormais un douzième de 12 p. %, c'est-à-dire 1 p. % par an : les *trientes usuræ* seront 1/3 du taux légitime annuel, 4 p. % : les *semisses usuræ* seront la moitié de l'intérêt légitime annuel, et ainsi de suite pour les *quadrantes, deunces* ;... etc., qui représentent un certain nombre d'onces ou de douzièmes de l'as.

Parfois le calcul de la *centésime* se tient en dehors de la division par *onces* : tertia pars centesimæ, dimidiam centesimæ : mais cela revient au même, puisqu'il y a à la fois 12 onces dans l'as et 12 mois dans l'année. C'est au temps de Cicéron et par un sénatus-consulte que le taux de l'intérêt fut fixé à la *centésime*. « Senatus-consultem modo factum est creditorum causa ut *centesimæ* perpetuo fœnore ducerentur. » (Cicero ad Atticum, 21).

C'est sous l'influence des habitudes grecques que naquirent à Rome ces *argentarii* dont les constitutions impériales eurent à s'occuper si souvent : on les appelait aussi *trapezitæ* du nom de la table de bois sur laquelle les banquiers grecs plaçaient leur argent : ils essayaient les monnaies, recevaient les fonds des *fœneratores* et servaient moyennant un droit de commission d'intermédiaires entre l'emprunteur et le prêteur. Leurs comptoirs (*tabernæ argentariæ*) se tenaient en plein forum au lieu dit *sub veteribus* (1).

La *centésime* donnait lieu à un règlement mensuel des intérêts : il se faisait ordinairement aux *kalendes* dont l'arrivée d'après Horace, donnait le frisson au débiteur :

Nisi quum tristes misero venere kalendæ.

De là le nom de *kalendarium* ou livre de compte mensuel sur lequel les *fœneratores* marquaient leurs calculs d'intérêts. « On commençait par écrire sur le kalendarium le nom du débiteur, puis la somme qu'il

(1) Sub veteribus, ibi sunt qui dant, quique accipiunt fœnore. (Plaute.)

devait; ensuite les intérêts convenus. La *centésime* se marquait avec un C renversé Ɔ, et lorsque l'on était convenu de plusieurs centièmes par mois, on posait autant de C renversés qu'il y avait de 100ᵉˢ convenus.)» (M. Troplong, préf. du *Prêt*, d'après Saumaise).

L'usure chassée de Rome s'abattit sur les provinces livrées en pâture aux exactions des proconsuls et de la nouvelle aristocratie romaine, les Chevaliers, aussi âpre au gain que l'ancienne. La centésime ne suffisait pas à leur avidité: Cicéron reprochait à Verrès dans ses déprédations de la Sicile d'y faire valoir son argent à 24 p. % (*binas centesimas*): il ignorait que son ami le sage Brutus faisait avec interposition de personnes des prêts dans l'île de Chypre qui lui rapportaient le double de ceux de Verrès, 48 p. %! Cicéron envoyé comme gouverneur en Cilicie défendit de prêter au-dessus du taux de la *centésime* (1).

La *centésime* survécut aux guerres civiles des Triumvirs et la République la légua à l'empire: elle resta le taux légal pendant presque toute sa durée, mais seulement comme taux *maximum*. Le 12 p. % paraissait excessif à Sénèque: Perse appelle le 5 p. % un intérêt modique et taxe d'avidité le 11 p. % (2):

(1) Interim cum ego in edicto tralatitio centesimas me observaturum haberem cum anatocismi, ille ex syngrapha postulabat quaternas quid ais? inquam; possumne contra meum edictum? (Cicero ad Attic.)

(2) Quid petis? nummi quos hic quincunce molesto,
    Nutrieras, avido pergant sudare *deunces*. (Perse, sat. V.)

L'intérêt moyen était sous le règne de Claude le 6 p. %, *semisses usuræ*, que Pline appelle un intérêt *civilis et modicus*.

L'usure exerçait cependant ses ravages contre les pauvres : sous Tibère le nombre des usuriers était immense et le scandale de leurs rapines motiva des poursuites : Des sénateurs même furent compromis (Tacite, laun.).

Sous Constantin le taux légal fut maintenu à 12 p. % pour les prêts d'argent : dans les prêts de fruits de la terre (*fruges vel humidas vel arentes*) faits à des pauvres gens (*indigentibus*), on ne pourra rien recevoir à titre d'usures au-delà du tiers en sus des choses prêtées, c'est-à-dire qu'on aura droit à trois *modii* au plus quand on en aura prêté deux (Loi I, liv. II, tit. 33, de us. in cod. Théos.).

Sous le règne de Justinien on trouve les dernières dispositions législatives sur le taux de l'intérêt. La constitution de cet empereur (Lois 27, 28, 29, 30 au Code *de us*), permet de prêter à un taux plus ou moins élevé suivant les différentes qualités des prêteurs :

1° Les *personnes illustres*, (sive illas precedentes), ou celles se trouvant avant elles dans la hiérarchie nobiliaire, ne peuvent exiger un intérêt supérieur à 4 p. % (*tertia pars centesimæ*).

2° Pour les commerçants, (*negotiatores*) le taux permis est celui de 8 p. % (*bessem centesimæ*).

3° Les simples particuliers (*ceteræ personæ*) ne peuvent prêter au-delà de 6 p. % (*dimidia pars centesimæ*).

Le taux de la centésime n'est plus conservé que pour le prêt maritime (*nauticum fœnus*) et pour les prêts d'espèces (*specierum fœnori dationibus*).

Considérant non plus la personne du prêteur, mais celle de l'emprunteur, Justinien abaissa à 4 p. % le taux légitime dans les prêts d'argent faits aux cultivateurs par quelques prêteurs que ce fut (*plus quam siliquam unam pro singulo solido*). Dans la Novelle 32 il défend à ceux qui prêtent des fruits aux cultivateurs, de se faire payer à titre d'intérêts plus de 1/8° par boisseau (*octovam modii partem annuam pro singulis modis*). La position misérable de ceux qui cultivaient la terre avec la servitude du colonat et de la curie fait comprendre ces exceptions favorables à l'agriculture. Il est dit dans la Novelle 32 « que des gens avides profitaient des époques de stérilité pour se livrer à une coupable industrie : qu'ils prêtaient une faible mesure de fruits et au moyen de ce prêt s'emparaient de toute la terre des emprunteurs; que plusieurs des habitants avaient dû quitter le pays, que d'autres étaient morts de faim et qu'il en résultait un deuil pareil à celui d'une invasion barbare. »

Justinien considérait ces réformes comme tellement urgentes qu'il attacha un effet rétroactif aux constitutions qui les établissaient.

Cette législation fut en vigueur pendant presque toute la durée du Bas-Empire : l'empereur Basile-le-Macédonien influencé par les décisions canoniques interdit le prêt à intérêt : mais la prohibition fut levée sous son fils Léon-le-Philosophe.

II.

Après cet aperçu historique sur le taux de l'intérêt à Rome, je passe à l'explication des principes qui régissaient le prêt et les intérêts.

Je dirai d'abord les règles du *mutuum* et les modes divers de donner naissance ou de mettre fin à la dette d'intérêts.

Je parlerai ensuite des intérêts extra conventionnels dûs *officio judicis*.

Enfin, je traiterai du prêt maritime, *nauticum fœnus*.

I.

De mutuo et usuris.

Cujas définit ainsi le *mutuum*, le prêt de consommation Romain : « Est creditum quantitatis datæ ea lege, ut eadem ipsa quantitas reddatur in genere, non in specie eadem. (II. Observ. 37). » Cette définition est complète et montre bien quel est l'objet du mutuum, quelles sont ses conditions, délivrance et translation de propriété, et obligation de rendre contractée par l'emprunteur.

Le droit romain ne donnait point à toutes les conventions la sanction d'une action en justice : pour être élevée au rang de contrat, la convention devait avoir un *nomen*, rentrer dans une catégorie de faits réglés par le droit, et une *causa*, une forme extérieure déterminée : sans cela la convention restait un *pacte nu* et n'était pas sanctionnée par l'action en justice.

Le *mutuum* était le premier des contrats *réels*, de ces contrats qui se forment par la prestation de la chose (*qui re perficiuntur*) : l'obligation de l'emprunteur émane de la réception de la chose, car l'obligation de rendre ne peut naître qu'autant qu'on a reçu. Avant la tradition de la chose il y avait promesse de prêt, ce qui n'était qu'un simple pacte : la convention n'était parfaite, ne devenait un mutuum, qu'autant que l'objet du prêt avait été livré.

Quant à l'étymologie du mot *mutuum*, elle nous est donnée par Paul, loi 2, § 2, *de rebus creditis* au Dig. « Appellata est mutui datio ab eo quod de meo tuum fit; et ideo si non fiat tuum, non nascitur obligatio » et par Justinien dans ses Institutes, liv. III, tit. 14. « Unde etiam mutuum appellatum est quia ita a me tibi datur ut ex meo tuum fiat. » Quoique donnée par des jurisconsultes Romains, cette étymologie a paru problématique à plusieurs savants : Cujas la critique dans ses observations sur la loi 2 *de rebus creditis* : pour Cujas, *mutuum* vient de *mutatione* : « Quòd mutatur hoc genere pecunia cum pecunia, dum par quantitas accipitur et redditur. »

Saumaise a consacré de longues pages à démontrer, d'après le grammairien Varron, que *mutuum* est un mot Sicilien emprunté par les Romains.

Quoi qu'il en soit de ces disputes de mots, si l'*ex meo fit tuum* de Paul et de Justinien ne donne pas la vraie étymologie du mutuum, il est très exact au point de vue juridique.

L'objet du mutuum doit être certain, *certum*, ce qui ne veut pas dire déterminé dans son individu, *in specie*, mais seulement déterminé au point de vue du genre, *in genere*, déterminé par sa nature, sa quantité, sa qualité et désigné par son nom ou une *demonstratio* qui le supplée. « Certum est cujus species (Paul prend ici species sous le nom de genre) vel quantitas quæ in obligatione versatur aut nomine suo, aut ea demonstratione quæ nominis vice fungitur qualis quanta que sit ostenditur. (Loi 6, de Dig. de reb. cred.) »

L'objet du mutuum ne peut être une chose *in specie*, car l'emprunteur tenu de la rendre ne pourrait la consommer : au lieu d'un mutuum il y aurait un *commodatum*, un prêt à usage. Le mutuum ne peut porter que sur de choses envisagées comme quantité poids ou mesure, *res quâ pondere, numero mensurav*e *constant*.

Toutes les choses qui sont dans le commerce peuvent faire l'objet d'un mutuum. Quoique ordinairement ce contrat porte sur des choses *quæ ipso usu consumuntur*, il n'est pas de son essence qu'il ait pour objet des choses de cette nature. Ainsi on pourrait faire un mutuum d'immeubles : Sélus pourrait transférer la propriété de 60 jugères de terre en Espagne, à Sempronius, qui s'engagerait à lui rendre in genere soixante autres jugères à prendre en Afrique.

La chose rendue par l'emprunteur ne doit pas être la même que la chose prêtée, mais il est de toute nécessité qu'elle soit du même genre : « Mutuum damus recepturi non eamdem speciem, quam dedimus (alioquin commodatum erit aut depositum); sed idem genus. Nam si aliud genus, veluti ut pro tritico vinum accipiamus, non erit mutuum. » (Paul, ad edict. Dig., loi 2, proœm. de reb. cred.). Ainsi il n'y aurait point mutuum si on rendait *vinum pro tritico* : il y aurait là un de ces contrats innommés rentrant dans la formule élastique *Do ut des*, ne donnant pas lieu à une action de droit civil, mais à une action prétorienne *in factum præscriptis verbis*.

Il est de l'essence du mutuum que l'emprunteur devienne propriétaire des choses prêtées : mutuum, dit Cujas, *est species alienationis* : L'obligation de rendre que contracte l'emprunteur, et qui est le *vinculum juris* du mutuum, ne peut naître qu'autant qu'il y a eu translation de propriété.

Pour que la propriété soit transférée, il faut :

1° Qu'il y ait tradition de la chose prêtée;

2° Que le prêteur en soit propriétaire et capable de l'aliéner;

3° Qu'il y ait accord des deux contractants sur la translation de propriété.

1° *Il faut la tradition.* Par elle l'emprunteur est mis à même de se servir de la chose prêtée, et de la consommer si bon lui semble : « mutuum non potest esse, dit Paul (loi 2, § 3, Dig. de reb. cred.) *nisi proficiscatur pecunia* » sans la tradition le prêt n'existe pas. L'emprunteur ne peut être tenu de rendre, s'il n'a reçu : « ei qui voluit pecuniam credere, sed non credidit, dit Sénèque (VI, de benef. XI) nihil debeo. »

Maintenant faudra-t-il toujours une tradition réelle ? Faudra-t-il toujours que la chose prêtée passe matériellement, au moment du contrat, de la main du prêteur dans celle de l'emprunteur ? Non, sans doute : souvent la tradition sera fictive, feinte, une tradition *brevi manu* suffira. Ainsi supposons que la chose se trouve déjà à titre de dépôt dans les mains de celui qui veut l'emprunter, la convention suffira pour transformer le dépôt en un *mutuum* : par cela seul que le dépositaire aura commencé à *posséder* la chose avec une nouvelle *intention,* la chose passera à ses risques : la simple détention qu'il fait se change en une possession véritable, ce qui entraîne la translation de propriété : il sera tenu de l'action résultant du *mutuum,* sans même qu'il ait déplacé la chose. C'est l'hypothèse prévue par la loi 6, § 6 de reb. cred. Dig. : « Deposui apud te decem : postea permisi tibi uti : antequam *moveantur* condici, sicut mutua possunt. »

Il n'en sera pas de même si, au moment où elles contractent le dépôt, les parties y joignent *éven-*

tuellement un mutuum, si le propriétaire de la chose permet au moment du contrat au dépositaire d'en user quand il voudra (*si voles*) à titre de mutuum. Alors, pour que cette conversion du dépôt en mutuum s'opère, pour que la cause et le titre de la possession soient changés, il faudra un fait matériel, le déplacement de l'objet prêté. Jusqu'à cet acte particulier d'appréhension de la part du dépositaire, rien ne dit qu'il a voulu devenir emprunteur : cet acte spécial de prise de possession prouve sa volonté de convertir le dépôt en mutuum : tenu jusqu'à ce moment de l'*actio depositi,* il est, dès le déplacement de l'objet prêté, tenu de la *condictio certi.* C'est ce que dit Ulpien, dans la loi 18, Dig., *de Reb. cred.* : « Quod si ab initio, cum deponerem, uti tibi, si voles, permisero, creditam non esse antequam motam sit. » Le motif donné par le jurisconsulte « Quoniam debitum iri non est certum » a trait à la définition que Gaïus donne des mots *credita pecunia.....* « Omnem quam tunc, cum contrahitur obligatio, certum est debitum iri » (Gaïus, Inst. III, 124).

2° Il faut que le préteur soit propriétaire de la chose prêtée : « In mutui datione oportet dominum esse dantem » (Loi 2, § 4, Dig., *de Reb. cred.*). Si le préteur n'était pas propriétaire, comment pourrait-il transférer la propriété de l'objet prêté à l'emprunteur? Il faut, pour faire naître la *condictio certi ex mutuo,* que l'*accipens* soit devenu propriétaire : il n'en serait pas tenu s'il avait reçu la chose prêtée *a non domino.*

C'est ainsi qu'un associé, n'ayant le droit d'aliéner

que sa part dans la société, ne peut prêter que sa part dans l'argent commun (Loi 16, Dig., *de Reb. cred.*).

Cette règle n'était pas pourtant sans exception; l'interprétation des jurisconsultes en joignit quelques-unes à celles que le vieux Droit romain connaissait déjà.

Ainsi, si une personne *alieni juris*, fils de famille ou esclave, prête les deniers de son pécule, la *condictio ex mutuo* appartiendra au *pater familias* et cependant il n'était point propriétaire de l'argent prêté (Loi 2, § 4, Dig., *de Reb. cred.*). — De même, si je prête mes propres écus, mais au nom de Titius, même en son insu ou en son absence, c'est Titius qui aura, et non pas moi, la *condictio ex mutuo*.

Il fallait, dans la rigueur des anciens principes, pour que le *mutuum* fut valablement contracté, que le créancier eût la propriété des objets prêtés, et qu'il la transférât lui-même au débiteur : alors seulement on pouvait dire : Nummi qui mei erant, tui facti sunt.

Mais les jurisconsultes, et parmi eux Ulpien, s'écartèrent graduellement de ce principe rigoureux qui entravait, dans bien des cas, la formation du *mutuum*.

C'est ainsi que nous voyons Africain et Ulpien admettre qu'il y a *mutuum* quand un créancier charge son débiteur de compter à l'emprunteur la somme qu'il lui doit : sans doute l'emprunteur aura reçu des écus qui n'appartenaient pas au prêteur, mais bien au débiteur de celui-ci : mais on suppose qu'il y a eu fictivement une première tradition faisant passer les écus de la propriété du débiteur dans celle du créancier, qui les a retransférés à l'emprunteur (Ulpien, 15, Dig., *de Reb. cred.*).

Dans cette espèce, pour qu'il y ait un vrai *mutuum*, il faut que l'*accipiens* sache de la part de qui l'argent lui est compté. Si Séïus, recevant de l'argent à titre de prêt, croit que c'est le débiteur de Sempronius et non mon débiteur qui lui compte la somme, il n'y aura pas contrat de *mutuum* entre Séïus et moi : je n'aurai point contre lui une *condictio ex mutuo*, mais une simple *condictio sine causa*, fondée sur ce que, en gardant la somme que lui a comptée mon débiteur, Séïus s'est enrichi à mes dépens. Cette *condictio* est appelée *Juventiana*, du nom de Juventianus Celsus. auteur de la loi 32, Dig., *de Reb. cred.*, où l'espèce est traitée.

Africain reconnaît avec Ulpien qu'il y a *mutuum* dans l'espèce ci-dessus : mais pour lui c'est une décision exceptionnelle, s'écartant par faveur pour le prêt des vrais principes « hoc benigne receptum est » (Loi 31, Dig., *Mandati*) et qui doit se renfermer strictement dans le cas prévu. Pour Ulpien, au contraire, la décision peut être généralisée et étendue aux cas qui présentent de l'analogie.

La divergence entre les deux jurisconsultes était complète dans l'espèce suivante : un mandataire qui a fait rentrer une somme pour le compte de son mandant, prie ce dernier de la lui laisser à titre de

prêt, et avec des intérêts : le mandant consent :
faut-il voir là une conversion du mandat en *mutuum*,
ou une continuation du mandat ? S'il y a un *mutuum*,
les intérêts ne pourront courir, car, dans un contrat
de Droit strict, il faut pour cela une stipulation. Dans
le mandat, au contraire, qui est un contrat de bonne
foi, la dette d'intérêt peut naître en vertu d'un simple pacte.

Ulpien voit là un *mutuum* : il trouve logique que
le but atteint par le créancier, sans aucun acte d'appréhension matérielle de sa part, au moyen de deux
personnes, comme dans l'espèce précédente, il puisse
l'atteindre aussi par une seule personne : « Quod
igitur in duabus personis recipitur, hoc et in eadem
persona recipiendum est » (Loi 15, Dig., *de Reb.
cred.*). De même que dans le premier cas on peut
supposer que la somme a été comptée par le débiteur
à son créancier, et par celui-ci à l'emprunteur, de
même ici on peut supposer que la somme a été
comptée par le mandataire au mandant qui la comp-
tera de nouveau au mandataire en vue du prêt.

Africain ne voyait là qu'une continuation du
mandat : Y voir un *mutuum*, ce serait admettre que
le mutuum peut résulter de tout contrat et même
d'un pacte nu : « Respondit non esse creditam, alioquin dicendum ex omni contractu nuda pactione
pecuniam creditam fieri posse. » (Loi 34, dig. Depositi) : L'espèce ne ressemble pas à celle où un dé-
posant a permis au dépositaire de se servir à titre de
prêt de la somme déposée, car le mandataire est
déjà propriétaire des deniers et ne peut pas le de-

venir davantage, tandis qu'à l'instant de la nouvelle
convention le dépositaire devient le propriétaire
d'une somme dont il n'était jusque-là que simple dé
tenteur. Le mandat se continuera donc pour Africain, et les intérêts, comme dans tout contrat *bonœ
fidei* pourront être dûs en vertu du simple pacte.

Ulpien et Africain différaient encore d'opinion
sur l'espèce suivante :

Vous me demandez une somme à titre de prêt :
n'ayant pas d'argent, je vous donne un objet pour le
vendre et en garder le prix comme emprunteur :
Ulpien décidait (Loi 11, Dig. de reb. cred.), qu'il y
avait prêt du prix de cette vente : il supposait encore une double tradition fictive faisant passer l'argent des mains de Titius dans celles de Seïus et le
faisant repasser des mains de Seïus dans celles de
Titius. Africain. (Loi 24, Dig. mandati), ne voyait
dans le vendeur de l'objet qu'un mandataire, propriétaire déjà, du prix de la vente et ne pouvant
emprunter une chose déjà sienne. L'opinion d'Ulpien
fut confirmée par la loi 8 au Code : Si certum pe-
tatur.

Sur cette espèce Ulpien se demande qui supportera la perte de l'objet s'il vient à périr avant la
vente : le jurisconsulte distingue selon que j'avais
ou non l'intention de vendre cet objet : (venalem
rem habui nec ne) : Si c'est le désir de vous rendre
service qui m'a décidé à la vente ; la perte sera à
votre charge et vous me payerez l'estimation de
l'objet : Si j'avais déjà l'intention de la vendre, la

perte sera pour moi. — Si vous n'avez pas vendu l'objet ou si vous n'avez pas, après vente, voulu en garder le prix à titre de prêt, j'aurai contre vous une action præscriptis verbis. Il n'y aura eu ni *mutuum*, puisque vous n'avez pas voulu emprunter, ni mandat, car ce n'est pas pour une affaire personnelle, mais bien vous rendre service et trouver de l'argent à vous prêter que je vous ai prié de vendre : il y aura un contrat innomé. (Ulpien, loi 19, Dig. de masc. verb.).

3° Il faut qu'il y ait accord des deux contractants sur la translation de propriété : le prêteur doit faire tradition de la chose avec l'intention d'en transférer la propriété, et l'emprunteur la recevoir avec l'intention d'en devenir propriétaire.

Si donc je livre mille à Titius, à titre de dépôt ou de commodat, et que Titius les accepte à titre de prêt, il n'y aura ni dépôt, ni commodat, ni *mutuum*. (Loi 18, Dig. de reb. cred.).

L'accord des parties doit en outre porter sur la *cause,* sur le fait juridique qui motive la translation de propriété. Ainsi le propriétaire d'une chose la livre à titre de *mutuum*, à Titius qui la reçoit à titre de donation : les deux parties sont dans l'erreur sur la cause de la translation de propriété : cette translation n'aura pas lieu. (Loi 36, Dig. 41, de acquir., rer. dom.).

Si le prêteur n'était pas propriétaire de la chose ou s'il n'avait pas la capacité de l'aliéner, ou bien encore s'il n'y a pas eu accord des contractants sur la cause de la translation de propriété, par quelles actions le *tradens* reprendra-t-il la chose dont il a fait tradition?

Si la chose est entière dans les mains de l'*accipiens*, le *tradens* pourra la recouvrer par une *rei vindicatio*.

Si la chose livrée a été consommée, la revendication ne sera plus possible : car il y aura *res extincta*, et il est de principe que *res extinctæ* vindicari non possunt. L'action en recouvrement sera différente suivant que la consommation aura eu lieu de bonne ou de mauvaise foi.

Dans le premier cas, bien que le prêt soit irrégulier, l'*accipiens* ne sera tenu que de rendre l'équivalent comme s'il y avait eu prêt valable : *consummatione mutuum fit : mutuum reconciliatur :* le *tradens* intentera une *condictio* qui n'est autre que celle *ex mutuo*, quoique certains auteurs aient voulu y voir une *condictio* toute spéciale (*De bene depensis*, ou *de bona fide consumptis*).

Ainsi une somme a-t-elle été livrée à titre de prêt par un pupille non autorisé de son tuteur, la somme pourra être réclamée par le *rei vindicatio*, si elle n'a point été consommée; dans le cas contraire, et si la consommation a eu lieu de bonne foi, par une *condictio ex mutuo :* (Loi 19, § 1 Dig. de reb. cred.).

Si la chose a été consommée de mauvaise foi, le *tradens* aura contre l'*accipiens*, selon les cas, ou une *condictio furtiva* ou l'action *ad exhibendum* qui est donnée contre ceux *qui dolo desierunt possidere* (Loi 11, § 2, Dig. de reb. cred.).

Le *mutuum* régulièrement contracté peut être accompagné de toutes les modalités dont les contrats les plus favorisés sont susceptibles : « omnia quæ inseri stipulationibus possunt, eadem possunt etiam numerationi pecuniæ : ideò et conditiones » (Loi 7, Dig. de reb. cred.).

L'emprunteur étant devenu propriétaire, il supportera tous les risques : *res perit domino*. La perte des objets prêtés ne le dispenserait du remboursement que si le prêteur lui avait livré, *dolo malo*, des choses qui pouvaient lui nuire, des animaux atteints d'une maladie contagieuse, par exemple.

Le *mutuum* était essentiellement un contrat *stricti juris*. Il ne donnait naissance qu'à une action unique sans réciprocité ; la *condictio ex mutuo*, par laquelle le prêteur contraignait l'emprunteur à la restitution.

La condictio n'était point une action spéciale au prêt : c'était une action personnelle générale qui s'appliquait dans tous les cas où l'on soutient que le défendeur doit *dare, facere, præstare*. Ses applications étaient nombreuses dans les contrats, quasi-contrats, délits et quasi-délits.

Quand elle avait pour objet une chose certaine, déterminée, elle prenait le nom de *condictio certi* ; la *condictio ex mutuo* est un des exemples de la *condictio certi*.

Quand le *mutuum* avait pour objet des denrées, la *condictio* prenait parfois le nom de *condictio triticaria*.

La *condictio ex mutuo* est donnée contre l'emprunteur seul : elle ne l'est pas contre celui qui a retiré un avantage du prêt sans avoir été partie au contrat : ainsi, quoique Titius ait emprunté pour gérer mes affaires, l'emprunt n'ayant pas été fait *mea contemplatione*, Titius sera seul tenu de la condictio (Loi 13, Code *si certum patatur*).

La *condictio ex mutuo* est donnée à celui qui prête en son propre nom ou au nom de qui le prêt a été fait.

Elle n'est pas donnée à celui dont l'argent a été prêté, mais qui n'a pas été partie au contrat : ce n'est pas à lui que l'*accipiens* s'est obligé de restituer : ainsi, la *condictio* vous appartiendra si j'ai prêté votre argent en votre propre nom : si j'ai fait le prêt en mon nom, vous n'aurez pas la *condictio*. (Loi 2, Code *si certum patatur*).

Le *sénatus-consulte Macédonien* avait limité la capacité des fils de famille majeurs dans les prêts de sommes d'argent : il refusait toute action au créancier pour exiger son paiement. Justinien, dans ses *Instituies*, livre III, titre VII, nous donne le motif de cette disposition : « Quæ ideo senatus prospexit, quia sæpe onerati ære alieno creditarum pecuniarum, quas in luxuriam consumebant, vitæ parentum insidiabantur. »

La date et le nom du sénatus-consulte ont fait naître des difficultés historiques : Tacite le fait remonter au règne de Claude : « Et lege lata sævitiam creditorum coercuit ne in mortem parentem pecuniam filiis familiarum fœnori darent. (Ann. lib. XI, chap. 13). » Suétone le place sous le règne de Vespasien : « Auctor fuit senatui consenti, ne fœneratoribus filiorum familias exigendi creditis jus unquam esset, ne quidem post mortem patrum. »

Quant au nom du sénatus-consulte, faut-il croire avec Ulpien que Macedo était un usurier fameux? ou bien avec M. Hugo que c'était un fils de famille, qui, accablé par des dettes d'argent avait attenté à la vie de son père?

Le prêt d'argent donnait seul lieu à l'exception du sénatus-consulte : « Ait enim senatus mutuam pecuniam dedisset. » Les prêts de denrée n'étaient point à craindre, à moins qu'ils ne servissent à déguiser un *mutuum* d'argent. « Sed si fraus sit senatus consulto adhibita, puta frumento, ut his distractis fructibus uteretur pecunia, subveniendum est filio familias. » (Loi 7, § 3, Dig. de sen. Maced.).

Que le prêt ait été fait avec ou sans stipulations d'intérêts, il y a lieu à l'application du sénatus-consulte (Loi 7, § 9, Dig. De sen. c. Maced).

La disposition du sénatus consulte comprend, sous l'expression de fils de famille, toutes les personnes soumises à la puissance paternelle, immédiatement comme le fils ou médiatement comme les petits-fils. (Lois 9 et 14, cod. tit.). Elle n'était pas applicable aux biens dont les fils de famille avaient la propriété et la libre disposition, comme les *pecules castrans* et *quasi castrans* (Loi 9, § 5, cod. tit.).

Quoique le sénatus-consulte refusât toute action au créancier du fils de famille, celui-ci n'en était pas moins tenu par une obligation naturelle : *naturalis obligatio manet*, dit Paul, (loi X, eod. tit.). En conséquence, si le paiement a eu lieu, la *condictio indebiti* ne seia pas admise (loi 9, § 5, eod. tit.).

L'équité avait fait admettre quelques exceptions à la disposition du sénatus-consulte : ainsi la *condictio ex mutuo* aurait été acquise au créancier dans les cas suivants :

1° S'il avait eu de justes raisons de croire que l'emprunteur était un chef de famille « quia publice plerisque paterfamilias videbatur (loi 12, cod. tit.). Dans ce cas, on applique le principe *error communis facit jus*.

2° Si le *paterfamilias* avait donné son consentement à l'emprunt.

3° Si l'argent avait tourné à l'avantage du père de famille.

On avait admis aussi que le fils de famille absent du domicile paternel « studiorum causa, » pouvait, en cas de nécessité, emprunter des sommes modiques : « Si probabilem modum in mutua pecunia non excesserit. (Loi 7, § 13, cod. tit.).

Les règles du sénatus-consulte pouvaient parfois se trouver en conflit avec d'autres dispositions de faveur et donner lieu à des difficultés. Ainsi, un fils de famille a emprunté à un impubère *cum*

auctoritate tutoris : qui l'emportera du Senatus-con-
sulte ou de la faveur de l'âge? Le droit prétorien
trouvant l'impubère préférable, faisait fléchir les
règles du sénatus-consulte macédonien et accordait
une *restitutio in integrum.* S'il y avait minorité des
deux parties, l'emprunteur qui a consommé l'argent
n'a pas à craindre d'action à moins que le prêt n'ait
tourné à son avantage : « Melior est causa consu-
mentis, nisi locupletior ex hoc inveniatur litis con-
testatæ tempore, hic qui accipit. » (Loi 34, Dig.
de min.).

J'ai parlé jusqu'ici d'un *mutuum* pur et simple :
comment une dette d'intérêts s'y joignait-elle?

Les intérêts ne peuvent pas être dus de plein
droit : le *mutuum* étant un contrat *re,* astreignant
l'emprunteur à rendre, il est évident que l'obligation
de ce dernier ne peut comprendre plus qu'il n'a reçu :
« Re enim obligatio non potest contrahi nisi quate-
nus datum sit. (Dig. 2, 14, 17, Paul). » Le *mutuum*
ne peut donner naissance qu'à une *condictio certi,*
où la *condemnatio* est toujours *certa* comme l'*intentio*
et ne peut comporter d'extension (Gaïus. 4, § 32).
Si donc les parties veulent que l'argent donné en
mutuum produise des intérêts, il faudra une mani-
festation spéciale de leur volonté.

Pour cela, un simple pacte suffira-t-il? Non, car
un pacte, même joint *incontinenti* à un contrat, ne
produit d'obligation civile et n'emprunte l'action
même qui naît du contrat, que si ce dernier est
de bonne foi : ce qui serait possible dans un con

trat de mandat (loi 34, Dig. mand.) ou de dépôt (loi 26, § 1, Dep.), ne l'est pas dans le *mutuum* qui est un contrat *stricti juris.*

Il faudra *une stipulation :* des textes nombreux en établissent la nécessité :

« Pecuniæ quidem creditæ usuras nisi in stipulatione deductas non deberi. » (Loi 24, Pr. Dig. prosc, verb.) Loi 10, § 4, Dig. mand.

Lois 3 et 7, au Code *de Usuris.*

Cette stipulation est donc indispensable : sans elle point d'action pour le paiement des intérêts. La somme prêtée sera réclamée par la *condictio ex mutuo,* et les intérêts par l'action *ex stipulatu* qui est une des variétés des *condictiones incerti.*

La stipulation d'intérêts devenait l'accessoire du *mutuum ;* elle pouvait être affectée de nullité, sans que le *mutuum* en fut atteint. (Loi 9, §, 4, Dig. de reb. cred.)

La règle qui veut que dans un *mutuum* les intérêts ne soient dûs qu'en vertu d'une stipulation, souffrait plusieurs exceptions :

1° *Un simple pacte* suffit pour obliger aux intérêts dans les *prêts de denrée* (loi 12, Code de usuris) : Dans l'action qui naissait d'un prêt de cette nature la la *condemnatio* était *incerta* et emportait l'extension des intérêts.

2° Par faveur accordée aux *cités* (loi 30, Dig. de us.) et aux *argentarii* sous Justinien (nov. 136),

les intérêts des sommes prêtées couraient aussi en
vertu d'un simple pacte.

3° Il en était de même dans les *prêts maritimes*
(loi 7, Dig. de naut. fœn.) et dans tous les prêts
où l'argent étant aux risques du prêteur, il y a lieu
d'estimer ces risques « in his autem omnibus, et
pactum sine stipulatione ad augendam obligationem
prodest. »

Sauf ces exceptions, *le pacte joint* à un mutuum,
est impuissant à produire une action, mais il n'est
pas complètement sans effets. Il donne lieu toujours
à une *obligation naturelle*, qui sauf l'action, produit
tous les effets de l'obligation civile. Ainsi : 1° les
intérêts volontairement payés, en vertu de ce pacte,
seront valablement payés : *ex pacto naturaliter de-*
bentur. (Loi 5, § 2, Dig., de solut.) : Le débiteur qui
voudrait les répéter par la *conditio indibiti* rerait repoussé par l'exceptio pacti conventi; 2° ces intérêts
pourront servir de base à une novation, à une compensation valable; 3° le paiement des intérêts promis, en vertu d'un simple pacte, pourra être garanti
par le gage que l'emprunteur a livré au prêteur :
ce dernier pourra *retenir* les intérêts sur le gage :
« cum pignora conventione pacti etiam usuris obs-
tricta sint. » (Loi 4, Code de us.)

Ce gage ne peut servir de sûreté qu'aux intérêts
convenus au moment de la constitution. Ainsi le
créancier gagiste, qui, depuis la constitution du gage
se serait fait promettre des intérêts plus élevés que
ceux promis *ab initio*, ne pourrait retenir le gage que
dans les termes de la première convention : le gage

n'a pas été affecté au paiement du supplément d'intérêts (loi 4, Code de us.)

La preuve la plus ordinaire d'une stipulation d'intérêts était écrit, *instrumentum*. Mais l'instrumentum n'était pas exclusif de la preuve testimoniale
et des autres modes de preuve. « Si interrogatione
præcendente promissio usuram recte facta probetur,
licet instrumento conscripta non sit, tamen optimo
jure debentur. (Loi 1, Code de us.).

Bien plus, une longue prestation d'intérêts faisait
présumer la stipulation. La loi 6, au Dig. de us.,
énonce formellement ce principe : « Cum de in rem
verso cum hærede patris vel domini ageretur, et usurarum quæstio moveretur, imperator Antoninus ideò
solvendas usuras judicavit, quod eas ipse dominus vel
pater *lungo tempore* præstitisset. » Il a été pourtant
contesté par des auteurs d'une grave autorité, Noodt
notamment. Noodt s'appuie sur la loi 7 au Code *de
us.* et la loi 28 de pactis. Voici le texte de ces lois :

Creditor instrumentis suis probare debet quæ intendit, et usuras se stipulatum, si potest : nec enim *si aliquando ex consensu* prastitæ sint, obligationem constituunt.

Le créancier doit prouver sa demande par des titres, et, s'il le peut, établir qu'il a stipulé des intérêts : la prestation volontairement faite *quelquefois* ne saurait constituer une obligation.

Si *certis annis* quod nudo pacto convenerat, datum fuerit, ad præstandum in posterum indebitum solutum obligare non potuit eum qui pactum fecit, nisi placitis stipulatio intercesserit.

La prestation faite pendant *un certain nombre d'années*, en vertu d'un simple pacte, n'a pu obliger à faire cette prestation à l'avenir.

Je crois que ces textes loin de détruire la loi 6, au Dig., ne font que la confirmer : elle exige que les paiements d'intérêts aient été longtemps effectués (longo tempore præstitisset); pendant le délai ·de dix ans, au moins, qui était à Rome le *longum tempus*. Les expressions *aliquando* et *certis annis* des textes du Code, ne se portent qu'à des prestations faites *quelquefois* et pendant quelques *quelques années* et ne sauraient entrer en comparaison avec le *longuo tempore* de la loi 6. Ces deux lois en rejetant la présomption d'une stipulation d'intérêts dans le cas de prestations faites *aliquando* et *certis annis* sont une preuve indirecte de la vérité de cette présomption, quand les prestations ont eu lieu *longo tempore*.

On a voulu s'appuyer aussi pour détruire la loi 6 au Dig., sur un prétendu argument d'analogie fourni par loi 31, de operis libertorum : cette loi dit que si un affranchi a fait volontairement, pendant quelque temps, pour son patron des travaux auxquels il n'était pas obligé, on ne pourra le contraindre à faire ces travaux dans l'avenir. Mais comment assimiler des travaux à exécuter avec des paiements d'intérêts ?

La longue prestation d'intérêts faisait même présumer la dette du capital : la loi 6 au Dig. le prouve encore « imperator quoque noster Severus filiæ Flavii Athenagoræ, cujus bona fuerant publicata, de fisco ideo numerari decies centena dotis nomine jussit, quod ea patrem præstitisse dotis usuras allegasset. »

Cette conclusion est d'ailleurs rationelle : Si la

longue prestation d'intérêts amenait à la présomp
tion de l'existence d'une stipulation, cette stipulation
devait faire admettre l'existence d'un capital produc
tif des intérêts.

Un capital consistant, soit en argent, soit en denrées était seul susceptible de produire des intérêts :
l'*anatocisme* était défendu : on appelle ainsi la convention qui amène la production du τοκος par le τοκος,
qui fait produire des intérêts aux intérêts eux-
mêmes.

Dans les premiers temps de l'histoire Romaine
cette convention n'avait pas été interdite : une *versura* mentionnée dans plusieurs textes ne paraît autre
que l'*anatocisme :* Cicéron dans une lettre à Atticus
mentionne comme une chose usuelle un *anatocismus
anniversarius.*

Mais l'*anatocisme* fut défendu par des lois que Justinien peut appeler anciennes (veteribus legibus) :
un sénatus-consulte du temps de Cicéron l'interdit,
et c'était prudence, car au taux de la *centésime* qui
venait d'être établi, l'*anatocisme* doublait le capital
en moins de huit ans et par une rapide accumulation
d'intérêts pouvait amener la ruine des emprunteurs.

Nous lisons la prohibition de l'*anatocisme* dans la
loi 26, § 1, Dig. de cond. inde : elle fut souvent
renouvelée par les constitutions impériales. Dioclétien nota d'infamie ceux qui stipulaient l'*anatocisme*
(Loi 20, Code ex quib. caus. inf.).

Mais, dit Justinien, cette défense avait été mal
observée (sed non perfectissime cautum) et devant

des fraudes nombreuses, devenait illusoire : (certe
erat non rebus, sed tantum verbis legem ponere).
Ainsi la loi était éludée par le moyen suivant : on
transformait au moyen d'une novation la dette d'intérêts en une dette de capital : celle-ci n'ayant plus
la cause de l'obligation primitive échappait à la prohibition.

Justinien, par une constitution (Loi 28, au code de
us.), renouvelle la défense de l'*anatocisme* (nec ullo
modo usuræ usurarum a debitoribus exigantur) et
prévoit les fraudes pour les déjouer.

La défense de l'*anatocisme* était générale : les fruits
même que le possesseur de bonne foi avait perçus
depuis la *litis contestatio,* et ceux qu'avait perçus un
possesseur de mauvaise foi depuis qu'il connaissait
le vice de sa possession, ne supportaient pas une convention d'intérêts (Loi 15, Dig. 22, 1.)

La loi 51, § 1, De hæredit. petit. Dig. nous offre
cependant une exception à cette règle. On ne doit
point les intérêts des fruits perçus après la pétition
d'hérédité, dit cette loi, et elle ajoute : « Diversa
ratio est eorum qui ante hæreditatis actionem illatam
percepti hæreditatem auxerunt. »

Il ne faudrait pas voir d'*anatocisme* dans la convention d'après laquelle un créancier hypothécaire
pourrait, si les intérêts ne sont pas payés au terme,
prendre les fruits de la chose hypothéquée jusqu'à
concurrence des intérêts permis les plus élevés :
(Loi 1, § 3, Dig. depig. et hyp.) : ni dans la stipulation par laquelle le préteur demandant *minores*

usuras dès le principe, se réservait de demander *ma-jores usuras* si les premiers intérêts ne sont pas payés au terme convenu (Loi 8, cod. de us.). Il n'y a pas là d'*analocisme ;* mais bien une augmentation d'inté rêts stipulés à titre de peine contre le débiteur retardataire, et qui est licite puisqu'elle ne dépasse pas le taux légal.

L'intérêt ne peut être exigé que si les deux conditions suivantes ont été remplies :

1º Le taux adopté par les contractants doit être *déterminé :*

Ainsi serait nulle la stipulation « et usuras si quæ competierint » (Loi 31, Dig. de us.), et celle-ci « que des intérêts seront dûs sans dire lesquels. » « Si non appareat de quibus usuris conventio facta sit, peti eas non posse. » (Modestin, loi 41, § 2, Dig. de us.).

Justinien dans sa Novelle 36 a encore à cet égard introduit une exception en faveur des *argentarii :* si les intérêts convenus n'ont pas été déterminés dans leur taux, l'argentarius pourra exiger *besses usuras.*

2º L'intérêt doit être *intra legitimum modum*, ne pas excéder le taux légal.

Le taux fixé par la loi ne doit être excédé ni directement ni indirectement : ainsi le créancier ne peut, sous aucun prétexte, détourner ou retenir une partie de la somme prêtée : il ne peut pour le cas où le payement du capital ne serait pas effectué à

8

l'échéance, stipuler à titre de peine, une somme supérieure aux intérêts légitimes (Loi 44, Dig. de us.) : ce serait faire de l'usure sous la forme d'une clause pénale : cette stipulation sera réduite à la mesure du taux légitime (Loi 45, cod. de us.).

Il ne faudrait pas voir une violation de la loi dans les trois cas suivants :

1° Un créancier fait remise partielle de la dette au débiteur, en stipulant qu'à défaut de payement à l'échéance de la partie non remise, il redeviendra débiteur de la somme primitive dans son intégralité. (Loi 47, Dig. de pactis). Cette clause pénale ne serait pas réductible : le débiteur n'a qu'à s'imputer sa négligence dans l'accomplissement de son obligation.

2° Un débiteur a engagé la possession d'une chose frugifère en convenant que le prêteur en percevrait les fruits *vice usurarum* : ce dernier avait le droit de percevoir tous les fruits, quand même il en retirerait un bénéfice supérieur au taux légal. En effet, dans ce cas, la convention avait un caractère aléatoire, *propter incertum fructuum proventum* (Loi 17, Code de us.).

Mais si la convention avait été, non que le prêteur percevrait les fruits *vice usurarum*, mais seulement qu'il se payerait des intérêts sur les fruits, il ne pouvait retenir ces fruits que dans la limite du taux légitime. On présumait même cette dernière convention, toutes les fois que l'emprunteur remettait au prêteur un gage frugifère (Paul, Dig. 20, 2, 8).

3° La décision était la même lorsque l'immeuble engagé était une maison et que le prêteur s'était réservé le droit de l'habiter. Cette convention sera valable (loi 24, Cod. *de us.*), quand même la valeur locative de la maison excèderait le taux légitime : il faudra voir là un louage à vil prix et non un prêt usuraire. Mais si le créancier voulait louer la maison, l'intérêt était réduit.

Quelle est la sanction des règles qui fixent le taux de l'intérêt ?

Toute stipulation d'intérêts au-delà du taux légal est frappée de nullité, mais seulement pour ce qui excède ce taux : *utile per inutile non vitiatur.* Le créancier n'aura action que dans la mesure du taux permis (loi du 29, Dig. *de us.*)

De même une convention d'anatocisme ne vicierait pas une convention d'intérêts *in legitimo modo* (*lex eadem.*) *A fortiori* une stipulation d'intérêts usuraires laissera subsister la créance du principal. (Loi 20, Dig. *de us.*)

Les intérêts usuraires ne sont pas même l'objet d'une *obligation naturelle.* Leur stipulation a été faite en fraude de la loi, qui proscrit l'*improbum fœnus* : La loi refusera donc tout effet à cette stipulation. Ainsi toute garantie tendant à assurer le paiement des intérêts usuraires, sera frappée de nullité : le fidéjusseur n'en sera pas tenu (loi 20, Cod. *de us.*) : La constitution du gage ne sera pas valable : (Loi 19, Cod. mand.) Ces intérêts ne pourront servir de base à une novation ni entrer en compensation.

Si leur paiement a été effectué, ce sera un paiement fait sur *cause illicite* et par conséquent frappé de nullité.

Si le capital est dû, il y aura lieu à l'*imputation* sur ce capital de la somme payée à titre d'intérêts usuraires.

Si le capital a été déjà restitué, l'emprunteur les répétera au moyen de la *condictio indebiti* (loi 26, *Dig.* de *Cond. ind.*).

Ce dernier point, malgré son équité évidente, était contesté dans le vieux droit Romain. Certains jurisconsultes distinguaient selon que le paiement des intérêts illicites précédait ou suivait le paiement du principal : ils admettaient la *condictio indebiti* dans le premier cas et la repoussaient dans le second. Voici leur raisonnement : Quand des intérêts ont été payés, le principal étant encore dû, ils se sont imputés de plein droit sur ce principal qui se trouve diminué d'autant ; le capital ne sera restitué que déduction faite de la somme que le prêteur a reçue indûment : Si on le restitue dans son intégralité, on paiera plus qu'on ne doit, et il y aura lieu à la *condictio indebiti*. Si des intérêts illicites sont payés après la restitution du principal, la *condictio indebiti* ne sera pas admise, car ces intérêts ne peuvent avoir que le caractère *de peine*, et il était de principe que la *répétition des peines* était impossible « *pœnæ non solent repeti, quum semel depensæ sint* » (loi 41, Dig. de cond. ind.).

Une constitution de l'empereur Philippe fit cesser la controverse en décidant que la *condictio indebiti*

serait admise dans tous les cas. Cette constitution a
passé dans le droit de Justinien. « Indebitas usuras,
etiam si ante sortem solutæ non fuerint, ac prop-
tereà minuere etiam non potuerint, sed post sortem
redditam creditori fuerint datæ, exclusa veteris
juris varietate, repeti posse perpensa ratione fir-
matum est. » (Loi 18, cod. de us.).

Faut-il que le paiement des intérêts usuraires ait
eu lieu *par erreur* pour qu'il y ait répétition? Si
l'erreur est généralement une condition de la *condictio indebiti*, elle n'en est pas néanmoins une condition nécessaire : la fiction que le débiteur, en
payant l'indû a voulu faire une donation (*donasse
videtur*) est inadmissible ici : celui qui a contracté
un prêt usuraire a subi la pression de la nécessité.
Des circonstances impérieuses l'ont contraint à accepter des conditions onéreuses : Comment croire
qu'il a voulu se livrer à une libéralité? D'ailleurs,
les deux lois qui admettent la répétition (loi 26,
Dig. de cond. ind. et 18 cod. de us.), n'exigent
nullement la condition de l'erreur.

Les intérêts courent du jour de la convention, à
moins qu'elle ne soit conditionnelle ou à terme.

Il arrivait souvent que les intérêts étaient stipulés
comme *clause pénale* pour le cas où le capital ne
serait pas payé à l'échéance «. *si sors non solveretur* »:
ou bien on stipulait un intérêt plus considérable
dans le cas où un intérêt plus faible n'aurait pas
été payé au jour convenu. Dans ces cas, les intérêts ne sont dus que si le débiteur est constitué en

demeure (*si debitor in mora fuerit*), et ils courent de plein droit *ex die moræ* (loi 9, code de us.).

Aurait-on pu stipuler valablement que la condition *si sors non solveretur* se réalisant, l'intérêt serait dû rétroactivement, à partir du jour même du contrat ? Deux textes de Paul semblent donner deux solutions différentes : dans la loi 17 Dig. de us., le jurisconsulte décide que cette stipulation est nulle : dans la loi 40 Dig. de reb. cred., il la déclare valable : « Sed si quantitem quæ medio tempore colligitur, stipulamur cum conditio extiterit, sicut est in fructibus, idem et in usuris potest exprimi, ut ad diem non soluta pecunia, quod competit usurarum nomine, ex die interpositæ stipulationis præstetur. » Mais les deux hypothèses sont différentes : dans la loi 40, l'intérêt est considéré comme un fruit, et non comme clause pénale : il peut être alors stipulé rétroactivement. Dans la loi 17 de *usuris*, au contraire, l'intérêt a un caractère pénal : il ne peut courir qu'*ex die moræ*; le faire courir le jour du contrat serait injuste, car le débiteur serait puni avant d'être constitué en faute.

La dette d'intérêts s'éteignait *par voie de conséquence*, par les différents modes d'extinction de la créance principale, car l'accessoire ne saurait survivre au principal, soit encore par *des modes particuliers*.

Ainsi les intérêts cessent de courir :

1° *Par le paiement* : Pas de difficulté, soit que le

créancier l'ait reçu, soit que *negotium suum gerens* il ait vendu le gage qui lui avait été remis en garantie de la dette (loi 40, Dig. de us).

2° Par l'offre et la consignation, *oblatio et obsignatio rei debitæ*. La consignation régulièrement faite produisait tous les effets d'un paiement. — Les conditions de sa validité étaient les suivantes : 1° la consignation doit être précédée d'une *oblatio*, préalable des choses dues, faite au créancier au lieu indiqué pour le paiement. L'*oblatio* doit être faite en présence de témoins : en cas d'absence du créancier, elle est faite au *præses provinciæ* (loi 6, Code de Usuris). 2° L'*oblatio* doit être de la totalité de la somme due, c'est-à-dire du principal et des intérêts (loi 19, Code de Us). Si le débiteur s'est réservé le droit de faire des paiements partiels, il pourra ne consigner qu'une fraction du principal et les intérêts produits par cette fraction ; sinon la consignation partielle n'arrêterait pas les intérêts, même pour la fraction consignée (loi 41, § 1, Dig. de Us). 3° que l'*obsignatio* ait été faite dans le lieu destiné à cet usage *(in sacra æde)*, ou dans un lieu désigné par le juge *(in tu'o loco)* (loi 19, C. de Us).

Quand il y a eu *oblatio et obsignatio* rei debitæ, l'intérêt cesse-t-il de courir à partir des offres ou seulement à partir de la consignation ? Deux textes, au Code de Usuris, donnent des solutions différentes. La loi 6 décide que l'intérêt cesse de courir à partir de l'*oblatio* « usuras ex eo tempore *quo obtulisti*, præstare non cogeris. » Mais la loi 9 dit que ce ne sera qu'à partir de la *consignation* « quod si etiam *sortem deposuisti* : ex inde ex quo id factum apparuerit, in usuras non convenieris. »

Dès la consignation faite, l'obligation est éteinte, car la consignation vaut paiement, mais si le débiteur la retire, la créance renaît et renaît avec ses anciennes qualités : si donc elle était productrice d'intérêts, les intérêts recommencernot à courir (loi 7, Dig. de Us.).

Une constitution d'Antonin, la loi 11 au Code, nous montre que dans le cas d'*antichrèse* il y avait exception à la règle générale qui veut que les intérêts ne cessent de courir que si les offres ont été suivies de consignation : « Ex prædiis pignori obligatis creditor, post oblatam sibi jure pecuniam, quam non suscepit si fructus accepit, exonerari sortis debitum certum est. » Quand un immeuble a été donné en gage pour sûreté d'une dette, si le débiteur fait au créancier des offres que celui-ci refuse de recevoir, si ce créancier continue à percevoir les fruits, ils seront imputés sur le capital ; ce qui veut dire clairement que les intérêts ont cessé de courir. Cujas admettait ce système : Noodt se prononçait pour l'application à l'espèce des principes de l'obsignatio : pour lui, le mot *jure*, suivant le mot *oblatam*, avait avait la signification de *si obsignatio fuerit secuta*. Mais une simple réflexion de Pothier fait écrouler le système de Noodt : la loi dit que les fruits perçus par l'anti-chrésiste seront imputés sur le capital (exonerari sortis debitum certum est) : pour qu'il y ait matière à imputation, il faut que le paiement du capital n'ait pas encore eu lieu, par conséquent qu'il n'y ait pas d'obsignatio. *Juré oblatam pecuniam* doit être traduit par offres faites régulièrement..... c'est-à-dire comprenant toute la dette et faites au créancier.

3° L'*acceptilation*, la *novation* arrêtent aussi le cours des intérêts.

Quant à *la novation conventionelle*, il n'y a pas de doute. La loi 18, Dig. de nov. est formelle.

J'ai vendu un immeuble : l'acquéreur me doit l'intérêt du prix à partir du jour de la délivrance : Si *novandi animo*, je lui ordonne de promettre à Titius *quidquid ex vendito dare facere oportet*, il y aura novation et l'acquéreur ne devra plus d'intérêts ni à moi ni à Titius : il ne me devra plus d'intérêts, car l'action *venditi* dans laquelle l'intérêt est attribué *officio judicis* est éteinte par la novation : il ne devra pas d'intérêts à Titius, car la nouvelle créance étant née d'un contrat de *droit strict*, ne peut comprendre autre chose que le capital. (Papin, Dig. 46, 2, 27.)

La *novation judiciaire* aura-t-elle le même effet, quant aux intérêts, que la novation conventionelle? On sait que sous la procédure formulaire *la litis contestatio* opère novation dans les *judicia legitima* : « Post litem contestatem condemnari oportet : » elle substitue à l'obligation primitive celle de subir la sentence du juge. On pourrait donc croire que la litis contestatio arrête le cours des intérêts; il n'en est rien. La loi 1 au Code de judiciis dit positivement : « Judicio cœpto usurarum stipulatio non est perempta, » et la loi 35 de us., au Dig., veut dire la

même chose : « Lite contestata usuræ currunt : »
les intérêts courent malgré la *litis contestatio*. On ne
peut comprendre cette dernière loi, qu'en la rattachant à la loi, 18, Dig. de novat. Elles sont du
même jurisconsulte, de Paul, et tirées de la même
source (ad edictum) : il est certain que ces deux
lois ne formaient qu'un seul fragment dont les rédacteurs du Digeste ont tiré les deux lois placées
dans des titres différents.

La litis contestatio n'arrêtait donc pas les intérêts : elle n'opérait qu'une *novation imparfaite* et ne
pouvait qu'améliorer le sort du demandeur (loi 29,
Dig. de Novat.) Arrêter par elle le cours des intérêts c'eût été nuire au créancier, en poussant un
débiteur de mauvaise foi à se laisser actionner pour
conserver la somme due sans en payer les intérêts,
pendant la durée du *judicium*. Le créancier obte-
nait par l'action *ex stipulatu* les intérêts qui avaient
couru jusqu'à la *litis contestatio* Quant à ceux qui
avaient couru *post litem contestatam,* le débiteur
n'était pas condamné à les payer, car ils n'avaient
pas été *déduits in judicio* : mais le créancier conser-
vait l'action *ex stipulatu* pour les réclamer (loi 7,
Code de judiciis).

4° *Les prescriptions* de 30 ou 40 ans (*exceptiones
trigenta vel quadragenta annorum, exceptiones longis-
simi temporis*), libèrent de la dette du capital, et
par voie de conséquence, de la dette des intérêts.
Une Constitution de Justinien, la loi 26 au Code
de us., décide que ces prescriptions empêchent le

créancier de demander non-seulement les intérêts à courir, mais ceux même qui sont échus dans le passé avant l'expiration du délai. En vain, le créancier objecterait-il que les intérêts sont dus chaque année et que la prescription ne devrait atteindre que ceux qui remontent à plus de 30 ou 40 ans, la Constitution dit que l'action principale n'existant plus, il est superflu que le juge connaisse de l'action sur les intérêts : « Principali enim actione non subsistante, satis supervacuum est super usuris vel fructibus adhuc judicem cognoscere. »

A l'inverse, la dette d'intérêts pouvait s'éteindre *par des modes propres*, la dette principale continuant d'exister. Cela avait lieu dans deux cas :

1° Lorsque, par suite de l'accumulation des intérêts, le capital se trouvait doublé (*computatio dupli*).

2° Lorsque le créancier était présumé avoir fait *remise des intérêts* à son débiteur.

L'extinction des intérêts par la *computatio dupli* reçut des interprétations très différentes suivant les diverses époques de l'empire Romain. Existait-elle sous la République ? Nous l'ignorons : nous savons néanmoins que cette règle était fort ancienne, car Justinien apprend dans sa Constitution, loi 27, au Code de us., que d'antiques lois (*veteres leges*), y avaient apporté une exception dans le cas où le créancier avait reçu un gage : la Constitution décide que même dans ce cas il y aura lieu à la *computatio dupli*.

Au temps d'Ulpien, la *computatio dupli* était interprétée en ce sens que défense était faite au créancier de stipuler ou d'exiger des intérêts *supra duplum*, au-dessus d'une somme égale au capital : un capital ne pouvait jamais, par le cours des intérêts, se doubler qu'une seule fois : le débiteur qui avait payé en intérêts ou qui devait en intérêts échus une somme égale au capital, pouvait refuser de payer d'autres intérêts à l'avenir et même répéter ceux qu'il aurait payés *extra duplum*.

C'est ce que nous apprend Ulpien dans la loi 26, § 1. Dig. de cond. ind. « supra autem duplum usuræ, et usurarum usuræ, nec in stipulatum deduci, nec exigi possunt, et solutæ repetuntur, quemadmodum futurarum usurarum usuræ. »

Une Constitution d'Antonin (loi 10, Code de us.), donne une interprétation différente : « Usuræ per tempora solutæ non proficiunt reo ad dupli computationem : tunc enim ultra sortis summam non exiguntur, quoties tempore solutionis summa usurarum excedit eam computationem. » Les intérêts payés aux échéances n'entrent pas dans le calcul du double : la dette d'intérêts ne s'éteindra que si le débiteur a laissé passer, sans les payer, un temps assez long pour que le capital soit doublé par le total des intérêts échus et non payés.

On voit la différence : dans le système d'Ulpien, les intérêts payés régulièrement ou non ne pourront jamais produire une somme supérieure au capital : tous entreront en ligne de compte pour le calcul. D'après la constitution d'Antonin, la créance des intérêts ne sera éteinte que lorsque le créancier aura laissé passer un temps suffisant pour que le principal soit doublé.

Justinien consacra, par trois constitutions le système d'Ulpien :

1° Loi 27, C. de us. « Cursum in super *ultra duplum* minime procedere concedimus, nec si pignora quædam pro creditori data sunt. »

2° Loi 29, Code de us. : « usuræ minutim et per intervallum solutæ *cum duplo* non compensantur, etiamsi non universæ simul solutæ fuerint. »

3° Loi 30 Cod. tit. : « usuras particulatim solutas *duplum* debitæ sortis non excedere, præsens constitutio declarat. »

Cette manière d'interpréter la *computatio dupli* sous Justinien, nous est confirmée par la Novelle 121 dont voici l'espèce : « Démétrius avait emprunté 500 écus d'or d'Artémidore avec stipulation d'intérêts. Eusèbe et Aphtonius, petits-fils de Démétrius avaient présenté une requête à l'empereur Justinien par laquelle ils lui représentaient qu'Artémidore avait reçu pour intérêts 949 écus d'or et demandaient, qu'en payant encore 51 écus ils fussent entièrement déchargés de la dette contractée par Démétrius leur aïeul, conformément à la loi 27 au C. de us. Epimachus et Artémon, héritiers d'Arthémidore disaient pour leur défense que les petits-fils de Démétrius étaient mal fondés dans leur requête et que la question ne devait pas être décidée par la loi 27, parce que cette loi devait s'entendre, lorsque dans

une année les intérêts payés excèdent le double
du sort principal, et non lorsque ceux payés pendant plusieurs années se trouvent excéder le double
du principal....., etc. Justinien admit la demande
des héritiers de Démétrius.

Le créancier était présumé avoir voulu *faire
remise des intérêts* à son débiteur lorsqu'il avait né-
gligé de les lui demander *per longum tempus :*
(Loi 17, Dig. de us.). L'accumulation des intérêts
pendant un temps trop long, aurait pu amener la
ruine du débiteur.

De même, il y a *remise partielle* lorsque le créancier a reçu, *per longum tempus,* des intérêts moin-
dres que ceux qui avaient été stipulés : si plus
tard, se ravisant, il veut réclamer *majores usuras,*
le débiteur le repoussera par un pacte tacite de
non petendo (Loi 8, C. de us.).

Intérêts dûs officio judicis.

Indépendamment de toute stipulation, les intérêts
sont dûs *officio judicis* dans des cas divers :

1° Ils le sont dans les actions bonæ fidei, quand le
débiteur est constitué en demeure (*in mora*) :

2° Ils le sont parfois même *ante moram,* à raison
de la nature de la créance ou par un motif de faveur
pour le créancier (*ratione contractus* ou *ratione
personæ*).

3° Dans le cas de l'action *judicati.*

1. — INTÉRÊTS MORATOIRES.

La demeure du débiteur dans les contrats *bonæ fidei* donne lieu de percevoir des intérêts, quand même aucune convention ne serait intervenue à ce sujet (*in bonæ fidei contractibus ex mora usuræ debentur.* loi 32, § 2, de usur. Dig.)

Ce principe n'embrasserait pas les contrats *stricti juris* : le rigorisme de la procédure formulaire s'y opposerait : à une *intentio certa* ne pouvait ici correspondre qu'une *contemnatio certa*, et sous peine de faire le procès sien, le juge n'aurait pu déroger à cette règle. (Comm. de Gaius, IV § 2)

Mais dans les actions *de bonne foi* le juge n'était enchaîné par les rigueurs de la formule et l'équité demandait que le retard injuste du débiteur, dans l'accomplissement de son obligation, fît courir les intérêts contre lui ; Aussi les pouvoirs du juge étaient ici illimités. « *Et est quidem constitutum*, dit Papinion, *in bonæ fidei judiciis quod ad usuras attinet, ut tantumdem possit officium arbitri quantum stipulatio.* » (Dig. 16, 2, 24).

Comment cette règle s'établit-elle ? Le texte précédent semble dire par le mot *constitutum* qu'elle a sa source dans une constitution impériale : c'est l'opinion de Pothier et de Noodt : on pense généralement que cette règle s'établit progressivement à l'aide d'interprétations de la *disputatio fori* conformes à l'équité : Il est certain que du temps de Labéon et même de celui de Pomponius, elle n'était pas établie d'une manière générale, car la loi 60 Dig. 17-2, l'applique à l'action *pro socio* et ne donne pas la même décision pour une autre action *bonæ fidei*, l'action *communi dividundo.*

Une chose à remarquer, c'est que les *intérêts moratoires* avaient à Rome un *caractère pénal :* ils avaient pour base moins le *lucrum cessans* ou le *damnum emergens* du créancier que le désir de punir la *fraudu losa dilatio* du débiteur. « Usuræ enim non proptem lucrum petentium, sed propter moram solventium infliguntur. » (Loi 17, § 3, Dig. de us.)

Quand cette *fraudulosa dilatio* du débiteur sera-t-elle prouvée et le constituera-t-elle en demeure ? La question de savoir quand un débiteur doit être considéré comme étant en demeure est une question de fait, laissée à l'appréciation du juge : *Judex examinabitur,* dit Marcien, loi 32 Dig. de us. : et plus loin relatant un rescrit d'Antonin : an mora facta intelligatur neque constitutione ulla neque juris auctorem decidi posse *cum sit magis facti quam juris.*

Le débiteur se trouvait ordinairement constitué en demeure par une *interpellatio :* Si interpellatus opportuno loco non solverit.

Dans certains cas il était en demeure *re ipsa,* sans qu'une *interpellatio* fut nécessaire. Ainsi : 1° Quand le paiement doit avoir lieu à une époque déterminée, surtout quand une clause pénale a été jointe à la stipulation, la simple échéance du terme suffit pour constituer en demeure : *Dies interpellat pro homine ;* 2° quand une somme est due à un mineur. « In minorum persona, *re ipsa* et *ex solo tempore* tardæ protii solutionis, recepto jure, moram fieri creditum est. (Loi 3, au Code, de quibus causis).

Quel sera le taux des intérêts que la *mora* fait courir ? Il sera arbitré par le juge d'après l'usage des lieux sans qu'il puisse dépasser le taux légal. « *Cum judicio bonæ fidei discertatur, arbitrio judicis usurarum modus ex more regionis ubi contractum est constituitur : Ita tamen ut legi non offendat.* » (Loi 1, Dig. *de us.*) Justinien, dans sa constitution 26 au Code, décide que le taux fixé par lui, pour l'intérêt conventionnel, s'appliquera aussi à l'intérêt du *officio judicis.*

2. — INTÉRÊTS DUS RATIONE CONTRACTUS OU RATIONE PERSONÆ.

Dans certains contrats *bonæ fidei*, le juge pouvait attribuer l'intérêt même *ante moram* : l'intérêt était alors dû uniquement, d'après la nature de la créance. Cela avait lieu :

1° Dans le contrat de vente : le vendeur a droit aux intérêts du prix, à partir du jour où il a effectué la délivrance.

2° Dans le contrat de société : l'associé qui a employé à son profit des fonds détournés de l'actif social en doit l'intérêt, *etiam morà non interveniente.* (Loi 1, §. 1, Dig. *de us.*)

3° Dans le contrat de mandat ; le mandataire a droit aux intérêts de l'argent qu'il a déboursé pour le compte du mandant, avant même que celui-ci soit en demeure (loi 12, § 9, Dig. mand.).

4° Le *negotiorum gestor* a droit aux intérêts de l'argent qu'il a déboursé et doit ceux des sommes qu'il a reçues pour le compte du maître. (Loi 19, § 4, Dig. de neg. gest.).

⁎ Les intérêts couraient *ratione personæ* dans deux cas : les personnes privilégiées étaient :

1° *Les mineurs de* 25 *ans.* Une constitution de Dioclétien et Maximin décida que, pour les mineurs, les intérêts seraient dûs *ex solo tempore* dans les contrats de bonne foi ; il en était de même pour les legs et les fideicommis qui étaient assimilés aux contrats *bonæ fidei.* (Loi 3, Code in quib. quos in int.).

2° *Le fisc.* Il ne paie pas d'intérêts, mais il y a droit : *fiscus ex suis contractibus usuras non dat ; sed ipse accipit.* (Loi 17, § 5. Dig. *de us.*) Le fisc a un autre privilège : le taux des intérêts auxquels il a droit n'est pas abandonné au pouvoir discrétionnaire du juge : il reçoit le 6 % (*semisses usuras.*)

3. — Intérêts de l'action judicati.

La sentence du juge arrêtait le cours de l'intérêt : l'obligation primitive était définitivement éteinte par la novation contenue dans la *condemnatio* ; de sorte que le débiteur ne devait plus désormais deux choses distinctes : un capital et des intérêts, mais bien une seule et même somme : consummata est quantitas sortis et usurarum. (Code VII , 54. 3. just.)

Cette somme ne produit pas d'intérêts pendant le délai accordé aux condamnés pour exécuter la sentence. (*Dies justi.*) Mais au bout de deux mois , en vertu de l'action *judicati* , elle donne un intérêt égal au *double de la centésime.*

Justinien étendit à quatre mois le délai des *Dies justi*, réduisit l'intérêt au taux de la centésime et décida que le capital primitif seul produirait des intérêts en vertu de l'action *Judicati* (Code 7, 54, § 1, Just.).

Si la sentence du juge est frappée d'appel, l'intérêt dû en vertu de l'action *judicati* est suspendue jusqu'au jour de la seconde sentence : mais si l'appel est frustratoire, le juge peut condamner l'appelant à payer l'intérêt du temps écoulé entre les deux sentences (Loi 41, p. Dig. de us.). Si même le juge d'appel omet de les attribuer, une action utile sera donnée au créancier pour les réclamer. (Loi 24, de appel.)

De Nautico fœnore.

Le *nauticum fœnus* consistait dans le prêt d'une somme d'argent qui devait être employée au commerce maritime, à la charge par l'emprunteur de restituer la somme en cas d'arrivée à bon port avec les *usuræ maritimæ* convenues et sous la condition de n'être obligé à rendre ni capital ni intérêts, si le na-vire venait à se perdre par suite de sinistre de mer.

Les dénominations de *pecunia trajectitia, pecunia nautica* désignaient aussi le prêt à la grosse Romain.

Il y avait *nauticum fœnus* non-seulement quand la *pecunia trajectitia* devait être employée au lieu de destination du navire, mais aussi quand cet argent avait servi à l'acquisition de marchandises : ces mar-chandises étaient subrogées à la somme prêtée : elles voyageaient aux risques du prêteur. Sed videndum an merces ex ea pecunia comparatœ in causa ha-beantur (Loi 1, Dig. de naut. fan.).

Si la somme prêtée avait servi à la réparation du navire, le navire lui était aussi subrogé.

Le *nauticum fœnus* fut dans l'antiquité l'auxiliaire usuel du commerce maritime : avant les Romains, les Grecs l'avaient pratiqué. Un discours de Dé-mosthène contre Lacritus contient le texte complet d'une convention de prêt maritime, texte dont Heineccius a donné une traduction latine dans son ouvrage *In leges Atticas*. Chez les deux peuples la réglementation du contrat était la même et la loi 122 de verb. oblig. reproduit les règles qui régissaient le prêt maritime à Athènes.

Chez les Romains ce contrat fut d'un usage fré-quent : l'élévation des intérêts faisait rechercher ce mode d'emprunt par un peuple avide : d'ailleurs l'appât de gros intérêts pouvait seul décider les ca-pitalistes à exposer leur fortune aux dangers de la mer que l'inexpérience des navigateurs antiques ren-dait si fréquents et si redoutables.

Deux titres spéciaux traitent au Dig. et au code du prêt maritime. Justinien consacra aussi à la réglementation de ce contrat deux Novelles (106, 110), qui furent rédigées d'après l'avis de gens pratiquant habituellement, soit comme preneur, soit comme donneur, le *nauticum fœnus*.

A quel contrat se rapporte le *fœnus nauticum?* Cujas dans ses observations sur le titre de *nautico fœnore* a nié que le prêt maritime fut un *mutuum* véritable à cause des dissemblances nombreuses que ce contrat présente avec le *mutuum* ordinaire. M. de Savigny semble adopter l'opinion de Cujas, lorsqu'il dit que le Droit Romain n'ayant pas établi d'action spéciale pour le *nauticum fœnus*, la demande du capital et du profit maritime aura lieu simultanément au moyen d'une action *præscriptis verbis* : Donner une somme avec chance de perte à l'autre partie qui promettait une somme supérieure dans le cas où la perte n'aurait pas lieu, ce n'est pas là un *mutuum* pour M. de Savigny, mais bien un contrat innomé. Nous croyons malgré ces graves autorités que le *nauticum fœnus* était un *mutuum* véritable : c'était d'ailleurs ainsi que l'envisageaient les jurisconsultes Romains : « fœnerator pecuniam usuris maritimis *mutuam* dando, » dit la loi 6, Dig., de naut., fœn.; et la loi 4 au Code : « Trajectitæ quidem pecuniæ quæ periculo creditoris *mutuo* datur... » L'action que nous donnerons au prêteur ne sera donc pas une action *præscriptis verbis*, mais bien le *condictio certi* pour le capital et le profit maritime, si ce profit était d'une somme convenue à l'avance : Si le prêt avait été fait à raison de la durée du voyage, le profit maritime serait spécialement réclamé par une *con-ditio incerti*.

De nombreuses différences séparaient le *nauticum fœnus* du *mutuum* ordinaire :

1° Dans le *mutuum* ordinaire, l'intérêt n'était dû qu'à la suite d'une stipulation : dans le *nauticum fœnus* un simple pacte suffisait. (Loi 5, § 1. Dig., de naut., fœn.). Il en était de même dans tous les prêts aléatoires où l'intérêt est considéré comme prix des risques.

2° Le taux de l'intérêt était différent. Le *nauticum fœnus* était un contrat aléatoire où le chiffre des intérêts pouvait s'élever en raison des chances de perte : un texte de Paul nous dit qu'on pouvait convenir d'intérêts illimités : « Trajectitia pecunia quæ est periculo creditoris, quamdiu navigat navis infinitas usuras recipere potest (Sent. de Paul, livre 11, titre 14). Sous Justinien, le profit maritime ne put s'élever au-dessus de la *centésime* : la constitution 26 au Code établit ce taux qui tenait compte dans une certaine mesure du caractère aléatoire du contrat, puisque les *negotiatores* ne pouvaient dépasser le 8 p. % (*Bessem centesimæ*).

3° Dans le prêt terrestre, les risques étaient à la charge de l'emprunteur : dans le prêt maritime, ils étaient à la charge du prêteur : l'intérêt doit donc servir à indemniser le prêteur des chances de perte : il est le prix des risques, *periculi pretium* (Scœvola, loi 5, de nat., fœn.), et c'est ce qui explique l'élévation de son taux.

Cette idée, qu'il est de l'essence du *nauticum fœnus*, que les risques soient à la charge du prêteur se trouve à chaque pas dans les textes du Digeste et du Code : « Et interest utrum ipsæ periculo creditoris navigent : Tunc enim pecunia trajectitia fit. » (Loi 1, Dig., de naut., fœn.). « Trajectitiam pecuniam quæ periculo creditoris datur. » (Loi 1, Code de not., fœn.).

4° Le *mutuum* ordinaire était parfait par la tradition de la somme prêtée tandis qu'il n'y avait véritablement *nauticum fœnus* qu'au moment où les risques commençaient : il faut qu'il y ait eu risques maritimes effectivement courus par la somme prêtée ou par les marchandises et le navire qui lui étaient subrogés. L'argent n'est trajectice que s'il a voyagé par mer, *si trans mare vehitur*, dit la loi 1, Dig., de naut., fœn. : Ce n'est qu'à partir du jour des risques qu'il y a véritablement *nauticum fœnus* : « Ex ea die periculum spectat creditorem ex quo navem navigare conveniat (Loi 3, Dig., de naut., fœn.). — La loi 4, cod., tit., dit que si la somme prêtée n'a couru de risques que jusqu'à un certain terme, l'intérêt ordinaire sera seul dû à partir du terme.

Les risques commençaient ordinairement au jour où l'on était convenu que le navire prendrait la mer et finissaient le jour de l'heureuse arrivée du navire au port. C'était là l'hypothèse ordinaire : le prêt était fait pour l'aller et le retour, par exemple de Béryte à Brindes, et de Brindes à Béryte, comme le dit la loi 122, § 1, de verb. oblig. que j'expliquerai plus loin.

Parfois, le prêt était fait pour un temps déterminé : « Si salva navis intra statuta tempora per venerit » (Loi 6 Dig. de nat. fœn.) : jusqu'à l'accomplissement d'une condition « post diem præstitutum et conditionem impletam. » (Loi 4, Dig. de cod. tit.) : pour l'aller seulement ; de Béryte au port des Salonites (Loi 3 cod. eod. tit.) ; pour le retour seulement : « quamdiu navis ad portum appulerit. » (Loi 1, cod. eod. tit.).

Les *usuræ maritimæ* étaient dues dès le moment de la cessation des risques : si l'argent n'était prêté que pour l'aller seulement, le préteur embarquait sur le navire un esclave chargé d'exiger le paiement. Il était d'usage que l'emprunteur se soumit à une peine, s'il ne remplissait pas son obligation lors de la cessation des risques. (Loi 9, Dig., de naut fœn.).

Si le prêt ayant été fait pour l'aller et le retour, le preneur à la grosse évitait d'aborder au port où le remboursement de la *nautica pecunia* et du *fœnus nauticum* devait avoir lieu, l'action *de eo quod certo loco* fournissait au préteur le moyen d'éviter les pertes qui auraient pu résulter pour lui du défaut de paiement au lieu fixé par la convention. Cette action permettait au créancier d'actionner son débiteur partout où il le trouvait et d'exiger de lui des dommages-intérêts qui pouvaient dépasser le taux légal de l'intérêt : « In hauc arbitrariam actionem quod interfuit veniet, et quidem ultra legitimum modum usuraram. » (Loi 2, § 8, Dig. de eo quod certo loco).

Le prêteur à la grosse n'avait à Rome aucune sûreté spéciale pour assurer son remboursement : mais il entrait dans la pratique usuelle du contrat de constituer hypothèque au moment de la convention sur les marchandises et le navire subrogés à la somme prêtée. Plusieurs des textes relatifs au *nauticum fœnus* nous parlent de cette hypothèque.

Les principes du *nauticum fœnus* étaient étendus à tous les prêts aléatoires où les risques, étant pour le prêteur, l'intérêt était considéré comme *periculi pretium*. Scævola (Loi 5, Dig. de naut. fœn.) nous dit qu'il en est ainsi dans le cas de prêt fait à un athlète pour qu'il pût s'exercer à descendre dans l'arène : vainqueur, l'athlète rendait le capital avec un profit : vaincu, il n'avait rien à rendre : les risques du combat remplaçaient ici les périls de la mer.

Je terminerai cette matière et la partie de ma thèse consacrée au Droit romain par l'explication d'un texte qui montre comment les choses se passaient dans le *nauticum fœnus* et comment la perte et le salut de la *trajectitia pecunia* ou des marchandises déterminaient la libération de l'emprunteur ou son obligation de payer les *usuræ maritimæ*.

Ce texte est de Scævola : il forme la loi 122, § 1 du Verborum obligationibus au Digeste.

« Callimaque a reçu de Stichus, esclave de Seius, de l'argent prêté à la grosse dans la province de Syrie, pour un voyage de Béryte à Brindes : le prêt a été fait pour 200 jours de navigation seulement :

pour sûreté de la dette, Callimaque a hypothéqué
les marchandises achetées à Béryte, destinées à être
portées à Brindes, et celles qu'il achèterait à Brindes et que son navire rapporterait à Béryte. Il a
été de plus convenu, entre les parties, que lorsque
Callimaque serait arrivé à Brindes, il en repartirait
pour la Syrie avant les prochaines ides de septembre, avec d'autres marchandises qu'il achèterait et
chargerait sur le même navire : que si avant le jour
convenu il n'avait pas acheté les marchandises et
n'avait pas quitté Brindes, il rendrait à l'instant la
somme entière comme si le voyage était terminé,
et payerait tous les frais aux personnes chargées de
recevoir l'argent prêté pour le transporter à Rome :
et Callimaque a promis de donner et de faire tout
cela à Stichus, esclave de Seïus, qui le stipulait. »

Voici un prêt maritime qui a été fait pour le
terme de 200 jours : — pour l'aller, purement et
simplement ; conditionnellement pour le retour, —
c'est-à-dire, que si aux ides de septembre le navire
n'a pas quitté Brindes, Callimaque devra payer la
somme prêtée à la grosse et le *nauticum fœnus*.

Une fois l'espèce posée, le texte devient d'une
intelligence difficile, car le jurisconsulte semble donner une conclusion tout à fait contraire aux prémisses. Sœvola dit que Callimaque a rempli la condition, en quittant Brindes avant les ides de septembre,
et a fait voile pour la Syrie avec son navire chargé
de marchandises. Qu'arrivera-t-il si le navire se
perd par fortune de mer ? Une réponse naturelle
serait que Callimaque est libéré, puisqu'il a rempli

la condition et que le navire a péri dans les 200 jours, c'est-à-dire dans le temps des risques. Le jurisconsulte paraît cependant dire le contraire : il rend l'emprunteur comptable des risques, comme s'il n'avait pas rempli la condition : le raisonnement de Scævola, dans la suite du texte, paraît porter à faux : « Et cum ante idus supra scriptas, secundum conventionem mercibus in navem impositis.... quasi in provinciam Syriam perventurus enavigavit. » D'où vient donc que le jurisconsulte met les risques à la charge de Callimaque? Plus leurs commentateurs intercalent une négation dans le texte : Doneau et Pothier pensent qu'il faut lire et cum *non* ante idus.....; cette négation rend tout intelligible : Callimaque n'a pas accompli la condition de partir avant les ides de septembre : la restitution de la somme prêtée aurait du avoir lieu à Brindes, et l'on comprend que Scævola se demande si l'esclave avait le droit de consentir le prêt maintenu pour le retour de Brindes à Béryte.

Cujas croit que l'intercalation de la négation n'est pas nécessaire et que la décision de Scævola devient intelligible en comprenant bien les mots *quasi in provinciam Syriam perventurus enavigavit,* dont la traduction serait que Callimaque est parti comme pour aller en Syrie, qu'il est bien parti au jour convenu, mais qu'il a suivi en réalité une autre direction. Alors Callimaque n'a pas rempli les conditions du contrat, les risques seront à sa charge, et le prêteur à la grosse pourra lui opposer la loi 4, au Code de Naut. fœnore : *Post diem præstitutum et conditionem imple-*

tam periculum esse creditoris desinit. Si donc l'emprunteur ne suivait pas, dans sa route, la direction convenue, les risques cessaient d'être à la charge du
prêteur et venaient à sa propre charge.

ANCIEN DROIT FRANÇAIS.

Avant l'invasion des Franks, la Gaule était régie
par le Droit romain : la législation sur le prêt était
celle des empereurs, permission de stipulation d'u-
sures au taux fixée par les Constitutions. Elle resta
en vigueur dans nos provinces méridionales, jusqu'à
la Révolution française. Quand les tribus Franques
s'établirent dans le nord de la Gaule, elles y portè-
rent les lois et les usages de la Germanie : Quels
étaient ces lois et ces usages sur le prêt à intérêt ?
On l'ignore : on peut même présumer que ces peuplades guerrières, qui ne s'étaient pas élevées jusqu'à
la notion de la propriété immobilière, durent aussi

rester étrangères aux modes de faire fructifier l'argent.

L'Église joua un grand rôle dans la formation de la société Franque : elle se tourna vers ces esprits barbares, ardents et crédules, et sa supériorité morale et intellectuelle les mena vite à la soumission et à la docilité. Elle fit leur conquête, de même qu'ils avaient fait la conquête de la Gaule. Dès la conversion du premier roi Frank au Christianisme, l'Église exerça sur le pouvoir civil une influence incontestée qui se montre surtout dans la matière qui nous occupe.

J'ai montré dans mon introduction comment la légitimité du prêt avait été combattue par la morale des Pères de l'Église : la prohibition n'avait pas tardée à être écrite dans les décisions des Conciles. Le premier concile qui défendit le prêt à intérêt fut celui d'*Elvire* tenu en Espagne en l'année 306. Il prononça la peine de la dégradation contre les *clercs* qui prêtaient à usure, et celle de l'excommunication contre les laïques qui persévéreraient dans cette iniquité (Si in ea iniquitate perseveraverint) : Mais à cette époque le christianisme n'était pas encore reconnu comme religion de l'empire, et le concile d'*Elvire* passa presque inaperçu.

Il n'en fut pas de même du concile de *Nicée*, premier concile œcuménique, réuni 20 ans après par Constantin, pour extirper l'hérésie d'Arius. Il s'occupa du prêt à intérêt et le défendit aux *clercs*, sous peine de dégradation (1). La prohibition ne s'étendit pas encore jusqu'aux *laïques* : les évêques auraient cru déplaire au premier empereur chrétien qui venait de permettre à la société civile le prêt à intérêt jusqu'au taux de 12 p. % : D'ailleurs appelés eux-mêmes aux conseils de l'Empereur, ils avaient prêté leur concours à cette disposition législative.

Mais bientôt la sévérité de l'Église alla plus loin : elle voulut imposer aux *laïques* eux-mêmes les défenses portées d'abord pour les clercs seuls. Un siècle environ après le concile de Nicée, à une époque où le pouvoir spirituel avait grandi en prestige et effaçait dans l'esprit des peuples le pouvoir des empereurs dégénérés d'Occident, le pape saint Léon interdit par une *Décrétale* le prêt dans la société civile (2). Depuis lors tous les conciles contiennent cette interdiction générale.

Voilà la prohibition (3) que les évêques de la

(1) Le canon 17 du concile de Nicée s'exprime ainsi : « Quoniam multi sub regula constituti, avaritiam et turpia lucra sectantur, oblitique divinæ scripturæ dicentis : qui peculum suam non dedit ad usuram, mutuum dantes, centesimas exigunt : juste censuit sancta et magna synodus, ut si quis inventus fuerit post hanc definitionem, usuras accipiens, aut ex inventione aliqua vel quolibet modo, negotium transigens, aut hemiolia; id est sescupla exigens, vel tale quid prorsus excogitans, turpis lucri gratiæ, degletiatur a clero, et alienus existat a regula.

(2) « Quod nos, non dicam in eos qui sunt in clericali officio constituti, sed in *laïcos* cadere qui christianos se dici cupiunt, condolemus..... »

(3) Après le concile de Nicée, la défense du prêt à intérêt fut édictée par le concile de *Tours* (461, canon 13), — les conciles de *Tarragone*, d'*Agde*, de *Northumberland* (787), — de *Châlons* (813), — d'*Aix-la-Chapelle* (816), — le VI° concile de *Paris* (829), — plus tard, par le concile de *Latran*..... etc.

Gaule firent introduire dans les *Capitulaires*: les pré-
lats siégeaient dans les conseils des rois Franks qui
les choisissaient aussi comme ministres : ce fut sous
leur inspiration qu'eut lieu la conjuration des deux
pouvoirs civil et ecclésiastique contre le prêt à
intérêt.

Par le *Capitulaire d'Aix-a-Chapelle*, en 789,
Charlemagne interdit énergiquement les usures à
tous sans exception : « Item in eodem concilio sive
in decretis papæ Leonis nec non et in canonibus qui
dicuntur apostolorum, sicut et in lege ipse dominus
præcipit omnibus: interdictum est ad usuram ali-
quid dare. »

La prohibition est répétée dans une autre Capitulaire de l'an 813 : « Usuram non solum *clerici*, sed
nec *laici christiani* exigere debent. »

Louis le Débonnaire renouvela les défenses de son
père. Dans un Capitulaire de 810, tiré du viᵉ concile de Paris, le prêt à intérêt est montré comme
le fléau des peuples : il est une note d'infâmie (in
tota vita infames habeantur), un cas d'excomunica-
tion et de privation de la sépulture ecclésiastique
(christiana sepultura priventur). Le prêt était même
interdit pour les bonnes œuvres, par exemple, pour
racheter les chrétiens prisonniers des barbares.

Dès le IXᵉ siècle le pouvoir royal et le pouvoir religieux firent une alliance intime pour arriver au
même but : suppression du prêt à intérêt. Les cas
usuraires ressortissaient *ratione materiæ* du tribunal
de l'évêque, car le délit avait un caractère religieux,
et puis la puissance civile mettait le bras séculier au
service des condamnations de l'*officialité.*

Pendant toute la durée du Moyen-Age, une seule classe d'hommes fut exceptée des prohibitions : ce furent les Juifs. Ils furent exemptés de la défense du prêt, à la fois, par les lois canoniques et par les lois civiles. Il n'y avait pas de scrupule à avoir pour la conscience de cette race, damnée d'avance ; on pouvait lui permettre un commerce défendu aux chrétiens. Le droit de faire le trafic d'argent, avec leurs sujets fut concédé aux Juifs, par les Rois, comme *privilége régalien* moyennant un prix : ils acquièrent, avec finance, le droit de tenir des *tables* de *prêts et de banque*. A l'ombre des priviléges royaux, les Juifs exercèrent la profession de prêter à intérêt et entre leurs mains le monopole devint dangereux. Les chrétiens honnêtes qui se seraient contentés d'un intérêt modéré, n'osaient lancer leurs capitaux dans le prêt, de crainte des foudres de l'Église et des peines des ordonnances ; de sorte, que soit pour se dédommager de la déconsidération publique, soit pour satisfaire l'avidité de leur race, les Juifs n'ayant aucune concurrence à craindre, devinrent un fléau pour la misère publique, qu'ils exploitèrent par une usure abominable : le taux perçu par eux était si élevé, qu'en certains endroits le capital était doublé en 3 ans et en 4 mois (1).

*Aussi, Dumoulin faisait-il ressortir cette contradiction flagrante : d'un côté, défense faite par les Papes et les Rois aux Chrétiens de prêter à intérêt ; de l'autre, monopole accordé par les princes aux Juifs et confirmé par les Papes : comme s'il pou-

(1) Dumoulin, *De Usuris.*

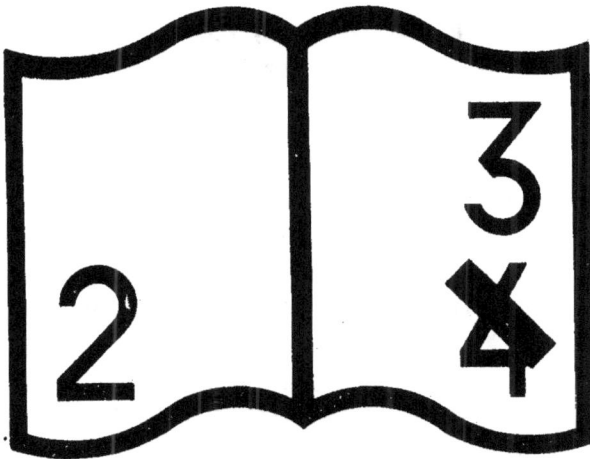

Pagination incorrecte — date incorrecte

NF Z 43-120-12

Sous Henri III, malgré le vœu de Dumoulin qui voulait que les rois de France permissent le prêt à intérêt en le soumettant à une loi restrictive comme les empereurs Romains, l'ordonnance de Blois aggrava encore les pénalités de l'ordonnance de Charles IX : Ce fut l'*amende honorable*, *amende pécuniaire* et *le bannissement* ; contre les récidivistes, la *confiscation de corps et de biens.* « Faisons inhibitions et défenses à toutes personnes de quelque état, sexe et condition qu'elles soient d'exercer aucunes usures, ou prêter deniers à profit et intérêt, ou baillez marchandises à perte de finances, par eux ou par autres, encore que ce fut sous prétexte de commerce public et ce, sous peine, pour la première fois, d'amende honorable, bannissement et condamnation de grosses amendes, dont le quart sera adjugé aux dénonciateurs, et pour la seconde fois de confiscation de corps et de biens ; ce que semblablement voulons être observé contre les proxénètes, médiateurs et entrepreneurs de tels trafics et contrats illicites et reprouvés; sinon en ce cas qu'ils vinsssent volontairement à révélation, auquel cas seront exempts de ladite peine. » (Ordon. de Blois, 1579).

Ces nombreuses ordonnances répétées à de si courtes distances, montrent que la prohibition du prêt à intérêt trouvait dans le bon sens de tous et dans l'instinct de la nécessité des obstacles insurmontables. Une société nouvelle s'était créée, dont les besoins tendaient à se faire débarasser d'entraves qui n'avaient plus leur raison d'être : la féodalité avait perdu de sa puissance pendant que les communes en acquéraient. Partout il fallait de l'argent pour le commerce et l'industrie, dont chaque jour signalait un progrès ; et les ordonnances n'avaient que des rigueurs pour un contrat nécessaire ! Aussi les mœurs luttaient-elles contre cette prohibition fatale ; le prêt, nouveau Protée, revêtait toutes espèces de formes, de déguisements pour se faire accepter : par la force des choses, la fraude était partout. Les capitaux trouvaient des moyens nouveaux pour tourner les barrières que la loi civile et la loi ecclésiastique apportaient à leur libre déploiement : des contrats furent inventés qui restaient en dehors de la lettre des ordonnances, mais qui au fond des choses, différaient peu du contrat proscrit. Alors parurent une foule de combinaisons, la plupart inconnues au Droit Romain, combinaisons à milles formes, simulations ingénieuses du prêt, dont le but était d'échapper aux lois, en voilant l'usure : le change avec ses dénominations bizarres, de *change sec et de collybus*, le contrat pignoratif, l'antichrèse, les Monts-de-Piété, les sociétés en commandite, la vente à réméré modifiée par certaines clauses et enfin les complications inextricables des *trois contrats, le mohatra*, devenu célèbre, grâce à Pascal et la *constitution de rente.*

La combinaison connue sous les noms des *trois contrats* était une supercherie ingénieuse, mais évidente cependant, pour tourner la défense du prêt à intérêt :

Elle avait lieu au moyen de trois contrats, dont chacun était innocent en lui-même, tandis qu'en définitive le résultat de leur combinaison était un prêt pur et simple. Un casuiste fameux, Diana, en expose le mécanisme : « Celui qui voulait placer en aide au commerce et à l'industrie, ces deux branches naissantes de la prospérité nationale ne pourront se développer : Philippe-le-Bel rend alors une ordonnance (1311) qui établit une distinction entre les *usures ordinaires* qui seront prohibées sous peine de confiscation de corps et de biens, et les *usures foraines* (1) qui seront permises dans une certaine mesure. Les célèbres *foires de Champagne* commencèrent à devenir florissantes par le privilége qui fut concédé, aux marchands qui les fréquentaient, de se livrer au commerce de l'argent et de faire valoir leurs capitaux par la banque et le prêt à intérêt. « En icelles, dit Coquille, se rapportait l'*estat du commerce des deniers* de toutes les bonnes villes de chrestienté et d'ailleurs, et, selon le rapport qui se faisait des divers endroits, les marchands, par advis commun, arrestoient combien vaut l'argent, c'est-à-dire, *quel est l'intérêt du séjour des deniers* de toutes les bonnes villes de chrestienté et d'ailleurs, et, selon le rapport qui se faisait des divers endroits, les marchands, par advis commun, arrestoient combien vaut l'argent, c'est-à-dire *quel est l'intérêt du séjour des deniers.* » Cet intérêt, légitimé par Philippe-le-Bel, fut établi à 15 %.

Sous les successeurs de Philippe-le-Bel et sous la

_____

(1) « Car nous mettons et établissons peine de corps et de biens, laquelle encourront à notre volonté pour seul le fait, qui dès foires de Champaigne contre notre défense, tel grandes usures feront, fréquenteront par soi ou par autres recevant ou demandant par raison d'usure, ou de semblables ou autre gain, en fraude d'usure, outre un denier la livre par semaine, quatre deniers pour le mois et quatre sols pour l'année. » (Ordon. de 1311.)

dynastie des Valois, on trouve une foule d'ordonnances contradictoires : les Juifs sont rappelés, puis chassés de nouveau ; entre deux confiscations, on leur permet de réclamer seulement une fraction du principal. Le roi Jean les autorise, moyennant finances, à demeurer vingt ans dans le royaume : « ils ne pourront prendre que 4 deniers par livre, chaque semaine ; s'ils exigent davantage, on ne leur payera que le capital sans intérêt » (Ordonn. de 1360).

Quant à la défense générale du prêt à intérêt, elle est édictée périodiquement à chaque renouvellement de règne : l'ordonnance de Fontainebleau (mars 1567), sous Charles IX, prononce contre les contrevenants la *confiscation*, et le *bannissement* pour le cas de récidive. « ..... Et pour du tout décharger et extirper les usures de nos pays, terres et seigneuries de notre obéissance, nous, en suivant plusieurs édits et ordonnances de nos prédécesseurs rois, avons icelles usures prohibé et défendu, prohibons et défendons, sur peine de confiscation de tous les biens, meubles et immeubles de ceux qui seront atteints et convaincus en avoir commis aucunes ; et lesquels biens, nous, dès à présent comme dès lors, avons déclaré à nous acquis et confisqués. Et où les dites personnes seront continuants à commettre les dites usures, voulons et ordonnons iceux être bannis à perpétuité hors du royaume, pays et seigneuries, sans que notre cour ou autres juges puissent aucunement modérer les mulctes et amendes ci-devant déclarées, sur peine d'en répondre en leur propre et privé nom » (Ordonn. de Fontainebleau).

vait être permis « aux seigneurs de relâcher la prohibition, moyennant gros butin », à qui il leur plaisait et de faire avec des Juifs tel cruel monopole pour manger et détruire leurs pauvres subgets. » (Dumoulin, de us., 66).

D'ailleurs, le monopole des Juifs était trop précaire pour que les emprunteurs du Moyen-Age ne leur en payassent pas les dangers par un supplément d'intérêts. Appelés en France quand les princes avaient besoin d'argent, les Juifs étaient chassés bientôt avec confiscation de leurs biens : rançonnés de nouveau, ils payaient à prix d'or le droit de rentrer dans le royaume et de se livrer de nouveau à l'usure. Quelles rapines devaient être les leurs, puisqu'au demeurant ils s'enrichissaient toujours ! L'élévation des intérêts était en raison du défaut de concurrence et du défaut de sécurité.

Les proscriptions contre les Juifs se développèrent surtout à partir du règne de Philippe-Auguste. Les défenses ecclésiastiques qui avaient été à l'origine la véritable cause des prohibitions du pouvoir civil, deviennent pour les rois un prétexte à la persécution et aux spoliations dont les Juifs étaient les victimes ; un précepte de morale divine devint un prétexte à des mesures exceptionnelles qui révoltent la conscience et que rien ne pourrait justifier.

Sous Louis IX, le système de confiscation contre les Juifs ne pouvait pas être mis en œuvre. Le saint roi se contenta de prescrire (édit de 1254), que l'ordonnance des Juifs fut gardée : « C'est assavoir que les Juifs cessent de usures, blasphèmes, sors et

ceraz, et que leurs Talemus et leurs autres livres
esquiez sont trouvés blasphèmes soient ars, et les
Juifs qui ce ne voudront garder soient boutés
dehors, et que les transgresseurs soient loyalement
punis. Et si vivent tous les Juifs des labeurs de leurs
mains, et des autres besognes, sans usures. » Saint
Louis refusa de leur conserver le privilége des
banques de prêt : en vain ses ministres lui en mon-
trèrent-ils la nécessité *pour le salut du pauvre peuple
qui ne peut vivre sans emprunts ;* il ordonna que les
chrétiens qui ne craindraient pas de se livrer à
l'usure fussent livrés aux tribunaux ecclésiastiques,
et les Juifs chassés hors de France, pour que le
royaume ne fut plus souillé par leurs iniquités (1).

Sous Philippe-le-Bel, la persécution et la spolia-
tion des Juifs fut poussée jusqu'aux dernières limites de la violence et de la cruauté. Le trésor était
vide ; un prince peu scrupuleux recourut à toute
sorte d'expédients indignes pour le remplir. Il fit
de la fausse monnaie, et sous prétexte de répression de l'usure, s'empara des richesses des Juifs :
on en brûla quelques-uns ; les biens de tous furent
confisqués et vendus au profit du Trésor ; leurs
débiteurs furent déclarés *débiteurs du roi* et ce fut
Philippe-le-Bel qui leur donna quittance.

Cependant si les capitaux juifs ne peuvent venir

(1) Cum autem in contrarium suaderent et plures de concilia-
riis suis, asserentes, *quod populus vivere non poterat sine mutuo,*
nec terra excoli, nec mercimonia exerceri.... respondit : dimit-
tant usuras, aut exeant de terra mea, ne eorum sordibus amplius
inquinetur. » (Duchesne, *Vie de saint Louis.*)

son argent le confiait à un négociant pour l'employer dans son commerce avec part dans les bénéfices et dans les pertes : — Première opération, *société en commandite*. Puis, pour échapper aux chances de perte, le prêteur se faisait assurer ; — seconde opération, *contrat d'assurance*. En troisième lieu, il cédait à un tiers les bénéfices éventuels contre une somme certaine ; — troisième opération, *échange*. Le contrat de société, qui servait de pivot à cette combinaison, n'existait plus du moment où, à l'aide du contrat d'assurance et de l'échange, le bailleur de fonds était non-seulement soustrait à toutes chances de perte de son capital, mais encore assuré d'un bénéfice à tout évènement. On en vint à faire les trois opérations de suite et avec la même personne. La seule chose qui restait au fond de cette opération était un prêt à intérêt déguisé.

Le *Mohâtra*, sous un nom inintelligible et n'appartenant à aucune langue, servait aussi de déguisement au prêt à intérêt. Il consistait dans un vente à terme, suivie immédiatement d'une vente au comptant portant sur la même chose et entre les mêmes personnes ; la vente et la revente étaient purement fictives, et leur résultat était une stipulation d'usures. « Le contrat *Mohâtra*, dit Pascal, est celui par lequel on achète des étoffes chèrement et à crédit pour les revendre au même instant et à la même personne argent comptant et bon marché... vous voyez assez par là l'utilité du mohâtra (1) »

La *constitution de rente* doit arrêter plus long-

(1) Pascal, VIII* *Provinciale*.

temps. C'était la vente moyennant un prix consistant
en argent, d'un droit à des arrérages, dont on pouvait toujours exercer le rachat, en remboursant au
crédit-rentier le prix de son acquisition. Le capital
était aliéné à perpétuité : il n'y avait plus là un
mutuum productif d'intérêts, mais bien un *achat de la
rente* : on se trouvait en face d'un contrat qui dis-
pensait l'emprunteur de l'obligation de rendre, con-
stitutive du mutuum ; les défenses canoniques et
royales ne sont pas faites pour lui.

Ce fut au XIII⁴ siècle, lors de la renaissance du
Droit romain, que le contrat de constitution de rente
commença à être mis en pratique. Les juristes
l'adoptèrent avec empressement et voulurent en
voir l'origine dans le Droit, objet favori de leurs études. Ils crurent la trouver dans la loi 23 *de Usuris*
et dans la loi II, au Code de *Debitoribus civitatum,*
qui défendent aux administrateurs des biens des
villes de forcer au remboursement les débiteurs qui
paient exactement l'intérêt des sommes par eux
empruntées (1) et offrent des garanties de solvabi-
té. Mais Pothier fait remarquer que cette injonction
prouve justement que le capital était exigible, ce
qui exclut toute idée de constitution de rente (2).

Dumoulin (de Us. quest. 75) rattacha plus tard
la *constitution de rente* à la Novelle 160 de Justinien :
cette novelle fait mention d'un prêt fait par un muni-
cipe, la ville d'Aphrodise, en Thrace, avec un terme
indéfini dans l'intérêt des emprunteurs : ceux-ci,

(1) Loyseau, *Des Rentes,* liv. 1, chap. VI.
(2) Pothier, *Contrat de const. de rente,* n° 7.

5° Enfin, *que le taux de la rente n'excédât pas celui de l'ordonnance*. — La puissance publique, en face des craintes que soulevait l'usure, ne pouvait laisser la fixation du taux de la rente à l'arbitraire des contractants : bien que le contrat de constitution fut présenté comme une vente, on ne pouvait oublier que son but était le commerce et trafic d'argent et de tourner les ordonnances prohibitives de prêt à intérêt.

Les *Extravagantes* des papes Martin V et Calixte III avaient permis de constituer les rentes sur le pied *du dernier dix* ou 10 p. %; elles restèrent longtemps en France à ce prix, qu'on appela, le *prix du roi*. Les ordonnances tendirent à diminuer graduellement ce taux : Charles IX par un édit de 1567 établit le *denier douze*, 8 1/3 p. %, que la jurisprudence du Parlement de Paris adoptait depuis plusieurs années. Ce n'est qu'au commencement du XVII° siècle que le taux des rentes s'abaissa de nouveau : Henri IV par par son édit de juillet 1601 vérifié au parlement de Paris le fixa au *denier seize* (6 écus, 15 sols pour 100 écus par an) : Louis XIII l'abaissa au *denier dix-huit* : un édit de Louis XIV (ordonn. de 1665) le réduisit au *denier vingt* qui est notre taux actuel.

Au dix-huitième siècle, lorsque le déplorable état des finances publiques eut jeté le régent dans les bras de Law, le désir d'attirer les capitaux du côté de *la banque* et *du système* du financier Écossais, fit concevoir un plan de réduction générale des rentes : un édit de 1720 abaissa brusquement leur taux au *dernier cinquante*, 2 p. % : mais cet édit ne fut pas

présenté à l'enregistrement et ne reçut en conséquence aucune exécution: une ordonnance de 1725
vint rétablir formellement le *denier vingt*.

Les communes et la royauté trouvèrent une
grande ressource pour leurs emprunts dans le contrat de constitutions de rente; l'inexigibilité du capital donnait à l'emprunt une forme précieuse.
Charles IX en 1562 vendit à Guillaume de Mazles,
alors prévôt des marchands et aux échevins de la
ville de Paris, avec faculté de rachat perpétuel, cent
mille livres de rentes au denier douze (1). Déjà
François Ier, par un édit de 1522 avait créé les fa-
meuses rentes de l'*Hôtel-de-Ville* (2). Il y avait aussi
des rentes sur *la ville de Paris*, sur les *Offices des
ports* de cette ville, sur l'*Ordre du Saint-Esprit*, sur
les recettes générales des finances, etc.

Les théologiens (3) et la législation furent plus
longtemps sévères pour *la rente viagère*, on finit
pourtant par l'admettre: Le taux n'en était pas fixé,
sauf pour les constitutions de rente viagère faites
par les *gens de main-morte*.

Mais je reviens au contrat de prêt dont les rentes
m'ont écarté. Malgré sa nécessité évidente, malgré

(1) *Jurisp. des Rentes*, par Debeaumont.
(2) Idem.
(3) « En peu d'années, disait Henri-le-Grand, elle consume
tout le sort principal, et le créancier reçoit une somme plus forte
que celle qu'il a donnée: n'est-ce pas là de l'usure? Il est vrai
que le créancier risque de mourir avant d'avoir reçu en annuités
son capital: mais son intention est de vivre le plus longtemps
possible et de recevoir plus qu'il n'a donné: il fait donc l'usure
mentalement: *Sola autem spe contrahitur vitium usurarum.* »

qu'elle fut *assignée* sur un immeuble, qu'elle suivit le sort d'un immeuble dont le crédit-rentier devenait propriétaire jusqu'à concurrence de son capital ; les intérêts que l'on faisait produire au capital n'étaient plus alors considérés comme des usures, mais bien comme des sommes tenant lieu au créancier du revenu des fonds dont il était censé propriétaire jusqu'à due concurrence (1). En France, cette *clause d'assignat* n'était pas considérée comme essentielle : Loyseau, dans son Traité du Déguerpissement, dit, avec raison, qu'elle ne rendait pas le contrat moins usuraire : elle ne faisait qu'augmenter les sûretés du crédit-rentier en ajoutant la garantie d'une hypothèque spéciale à une obligation personnelle indépendante de celle de l'immeuble. Pothier ne voit plus tard, dans la *clause d'assignat*, qu'un pacte tout-à-fait accessoire : « L'assignat n'est que la destination d'un héritage vers lequel la rente soit annuellement perçue, mais n'admet pas une restriction, mais une simple démonstration : l'obligation personnelle subsistant comme principale (2). »

On était loin d'être d'accord sur la nature du droit du crédit-rentier. L'importance qu'elles acquièrent dans les fortunes faisait considérer les rentes dans la plupart des coutumes, comme des droits immobiliers, contrairement à la maxime : *actio ad mobile est mobilis.* Les coutumes de Paris et d'Orléans, qui faisaient à cet égard le droit commun, se prononçaient en ce sens et en donnaient pour motif

(1) Merlin, *Rép. rent. const.*
(2) Pothier, *Contr. de const*, n° 105.

« que la rente constituée n'avait pas pour objet une somme d'argent, le prix d'argent n'étant pas exigible ; mais bien des arrérages exigibles chacun an ou à perpétuité, jusqu'au rachat, arrérages qui ressemblaient au revenu annuel et perpétuel que produisent les héritages pour ceux qui en sont propriétaires (1). »

Les conditions auxquelles la rente n'était pas considérée comme usuraire étaient les suivantes :

1° *Que le sort principal fut aliéné à perpétuité.* Le prix de la constitution devait, partant, rester inexigible : c'est en cela surtout que le contrat s'éloignait du prêt, et se rapprochait de la vente : « *Et sic,* dit Dumoulin, *talis reditus non est usura, sed vera merx et res empta* (2). »

2° *Que le débiteur eut la faculté perpétuelle de rachat,* de se rédimer de la rente en remboursement au crédit rentier, le prix de la constitution. La faculté de rachat était de l'essence du contrat : elle était imprescriptible, toujours sous-entendue et on ne pouvait y déroger sous peine de nullité; toute clause qui tendrait à restreindre l'exercice de cette faculté était annulée.

3° *Que le capital fut délivré en argent et non en marchandises* (Cout. de Paris, art. 84).

4° *Que les arrérages fussent payables en argent et non en grains ou denrées* (Ordonn. de 1565).

---

(1) Pothier, *Contr. de const.*, n° 112.
(2) Dumoulin, *De Usuris*, I, n° 21.

pour se décharger du service des intérêts, se prévalurent de la Constitution de Justinien, qui fait cesser le cours des intérêts par la *compulatio dupli*. Justinien, statuant sur la difficulté, décide que sa Constitution n'est pas applicable ici, car il y a plutôt prestation d'un revenu annuel qu'un prêt à intérêt. La nouveauté de ce fait, complètement isolé dans les textes, est une preuve que la constitution de rentes n'était pas usitée dans le Droit romain : de quelle utilité d'ailleurs eût été ce contrat, sous une législation qui permettait formellement les stipulations d'intérêts ?

On avait trouvé une combinaison différente du prêt pour féconder les capitaux : la découverte était précieuse, et le nouveau contrat prit vite un grand développement. Les particuliers, les corporations et même les communautés religieuses saisirent au vol ce moyen de faire fructifier l'argent : il devint populaire et d'une pratique universelle.

Cependant, plusieurs théologiens et canonistes scrupuleux, ne trouvaient pas que l'aliénation irrévocable du sort principal fût une circonstance suffisante pour déterminer la consécration du nouveau contrat : la constitution de rente n'était pour eux qu'un prêt déguisé : en vain avait-elle pour elle l'adhésion des jurisconsultes, Henri de Gand repoussait leur opinion avec hauteur (1), ne voyant ici qu'un manteau pour couvrir les usures condamnées

---

(1) Non debet forma hujus contractus, in genere cujus contractus iniqui sit, peti a juristis, sed magis a theologis et philosophis (Henric. Gaudav.)

par l'Eglise. C'est, qu'en effet, comme le dit Loyseau, les rentes constituées avaient été établies *pour
le commerce* et *trafic* d'argent (1) : leur but avoué
était de remplacer le contrat de prêt à intérêt ; d'Ar-
gentré prétendait même que le nom seul était changé.
Les opinions rigides du célèbre théologien, qui ne
voyait dans la constitution de rente qu'une *usure pal-
liée*, eurent du retentissement, et jetèrent le trouble
dans les consciences.

Mais, en 1423, le nouveau contrat fut approuvé
comme juridique et licite par une *bulle Regimini* du
pape Martin V : le clergé de plusieurs diocèses de
Silésie s'était adressé au pouvoir spirituel pour le
consulter sur un usage que la requête qualifiait de
populaire et raisonnable. Une constitution postérieure,
de Nicolas V, autorisa aussi la rente constituée :
elle est donnée à la requête d'un roi d'Aragon, qui
expose la misère de ses sujets obligés de s'adresser à
des usuriers avides, ne trouvant pas d'honnêtes
gens disposés à leur prêter à cause des foudres de
l'Eglise : aussi, ont-ils recours à un contrat qui leur
permet de se procurer de l'argent « *per venditiones
annualium censualium*, vel specialiter, vel generali-
ter supra omnibus bonis. » Ce contrat est-il licite ?
Le pape répond qu'on peut ainsi « *libere et licite con-
trahere, nec usurarium pravitatem committere.* » Une
nouvelle bulle *Regimini*, de Calixte III, confirma
celle de son prédécesseur.

Il est à remarquer que ces papes n'admettaient la
constitution de rente comme licite, qu'à la condition

(1) Loyseau, *Des Rentes*, liv. 1, chap. VI.

les progrès des esprits et des mœurs, les *ordonnances royales* n'eurent pour lui que de nouvelles sévérités : les dispositions de l'ordon. de Blois furent maintenues par un *édit* de Henri IV (1605), l'ordonnance de Louis XIII (*Code Michaud*, 1629) et une autre de Louis XIV (1673).

Il y avait cependant à ce sujet une assez grande variété dans les jurisprudences des parlements. Les cours des provinces de *droit écrit*, plus attachées aux principes du droit romain que celles du nord résistaient avec opiniâtreté aux décisions des conciles et aux ordonnances des rois. La tradition du prêt à intérêt s'était maintenue dans les parlements de Grenoble, Toulouse, Aix, Pau et Bordeaux : « malgré la ferveur de leurs sentiments religieux, ils alliaient sur cette matière à leur catholicisme ardent, une sorte de protestantisme dont Constantin et Justinien étaient l'excuse, mais qui n'affligeait pas moins le cœur des Théologiens. » (M. Troplong, préface du *prêt*). On suivait dans ces parlements la disposition des lois 26 et 27 Code de us. défendant que les intérêts ne dépassent le principal : on admettait même que cette dernière restriction ne s'appliquait pas aux intérêts de dots et de légitimes.

Certaines provinces avaient été exceptées de plein droit, on ne saurait dire pourquoi, de l'application des ordonnances sur le prêt à intérêt : c'étaient le bailliage de Bresse et Bugey, le pays de Gex et Valdromey, et le ressort du conseil souverain d'Alsace.

Les parlements de Bretagne et de Normandie permettaient le placement à intérêts pour les fonds pupillaires.

Le parlement de Paris se montra plus attaché
qu'aucun autre aux doctrines canoniques et aux prohibitions royales : à la veille de 1789, il en appliquait encore les peines sans ménagements. Voici en
effet les conclusions d'un arrêt de 1787 précédant
de deux ans l'époque où l'assemblée nationale cédant aux vœux du peuple et à l'autorité de la raison
allait décréter la légimité du prêt à intérêt : « En
conséquence fait la dite Cour, très expressément
inhibitions et défense à toutes personnes, de quelque état ou condition qu'elles soient, d'exercer aucune espèce d'usure prohibée par les saints canons
reçus et autorisés dans le royaume, ordonnances du
royaume, arrêts et règlements de la Cour, en quelque manière que ce soit, ou puisse être, et même
sous apparences fausses et controuvées, de faits de
commerce, directement ni indirectement, par elles-
mêmes, ou par personnes interposées. Fait pareille-
ment défense à toutes personnes de servir de proxénètes, médiateurs ou entremetteurs de tels prêts et
négociations illicites et prohibées; le tout sous peine
de mulctes, amendes pécuniaires, bannissement,
confiscation de corps et de biens, amendes honora-
bles et autres peines corporelles selon l'exigence du
cas et la gravité du délit, ainsi qu'il est porté par
les ordonnances, arrêts et règlements ci-dessus
dits, etc..... »

DROIT INTERMÉDIAIRE,

Lors de la convocation des États-Généraux, nombre de populations avaient écrit dans les cahiers des députés du Tiers-État, des vœux tendant à obtenir la légitimation du prêt à intérêt : un des premiers actes de l'Assemblée constituante fut d'y donner satisfaction. L'influence des préjugés avaient été dissipée dans les esprits par les philosophes et les économistes du XVIIIme siècle : la réforme était attendue sur ce point comme sur bien d'autres, et la reconnaissance de la légitimité d'un contrat proscrit, pendant des siècles, devait être une des premières conquêtes de la Révolution française. Dès le 3 octobre 1789, et sur la motion de Pétion, la loi suivante fut rendue : « Tous particuliers, corps, communautés et gens de main-morte pourront, à l'avenir, *prêter de l'argent à terme fixe, avec stipulation d'intérêts suivant le taux déterminé par la loi sans entendre rien innover aux usages du commerce.*

Comme on le voit, cette loi tout en permettant le prêt à intérêt n'accorda pas aux parties liberté dans la stipulation du taux : restriction en matière civile, conformité aux usages en matière commerciale. Ce n'était admettre que la première thèse des économistes de l'école de Quesnay : la réglementation du taux laissée à la discrétion des partis, fut regardée comme une théorie dangereuse : l'Assemblée l'écarta.

L'application de la loi de 89 fut paralysée à la suite des crises financières, qui signalèrent les années suivantes : Le numéraire avait disparu devant la création des assignats : il fallait empêcher le discrédit de ce papier-monnaie et la Convention qui en avait décrété le cours forcé, ne recula pour atteindre ce but devant aucune mesure arbitraire et violente.

On trouve d'abord un décret du 11 avril 1793, interdisant le commerce de l'argent monnayé, et prononçant une peine de six années de fers contre quiconque en ferait usage dans les ventes, achats, traités et transactions quelconques : les conventions ne pourront désormais contenir d'obligations qu'en assignats.

Ces mesures rigoureuses ne produisaient pas l'effet qu'on se proposait, car le 6 floréal an III, la Convention décrédait de nouveau : « l'article 1 du décret du 11 avril 1793, portant que le numéraire en or ou en argent de la République n'est pas marchandise est rapporté. »

La Convention ne tarda pas à se repentir de cette abrogation : le 2 prairial an III, nouveau décret ainsi conçu : « la Convention nationale rapporte son dernier décret qui a déclaré marchandise l'or et l'argent monnayé et ordonne l'exécution des lois antérieures qui prohibent le commerce des espèces métalliques. »

Enfin le 8 thermidor an IV, intervient un décret intitulé « loi sur les transactions entre citoyens » et ainsi conçu :

« Art. 1er. A dater de la publication de la présente loi, chaque citoyen sera libre de contracter comme bon lui semblera. Les obligations qu'il aura souscrites seront exécutées dans les termes et valeurs stipulées.

« Art. 2. Nul ne pourra refuser son paiement en mandats, au cours du jour et du lieu où le paiement sera effectué.

« Art. 3. Les dispositions des lois contraires à la présente seront abrogées. »

Bien des personnes ont prétendu que la Convention avait reconnu *la liberté du prêt* et ont voulu la voir proclamée par le décret de Thermidor an IV. Selon moi, c'est mal interpréter le décret que d'y voir une abrogation formelle de la loi de 89 : la liberté de l'intérêt s'établit seulement par voie de conséquence aux mesures exceptionnelles de la Convention qui avaient pour but de relever le cours des assignats. La loi de 89 aurait donc pu être invoquée avec succès lorsque le retour du numéraire dans la circulation fit cesser les causes que en avaient empêché l'application : Il est certain cependant que dans l'esprit des rédacteurs du Code Napoléon, l'abrogation de la loi de l'Assemblée Constituante avait eu lieu.

Lorsque le Code Napoléon fut mis à l'étude, il n'y eût pas à revenir sur la question de la légitimité du prêt : elle était jugée à jamais; mais les rédacteurs eurent à décider s'ils devaient réduire le taux de l'intérêt conventionnel au taux de l'intérêt légal, comme l'avait fait la loi de 89, ou si liberté pour déterminer ce taux devrait être laissée aux contractants.

La première rédaction présentée au Conseil d'Etat, le 7 pluviôse an XII, était celle-ci :

Art. 32. « Il est permis de stipuler des intérêts pour simple prêt, soit d'argent, soit de denrées ou autres choses mobilières.

Art. 33. L'emprunteur, qui a payé des intérêts qui n'étaient pas stipulés, ne peut ni les répéter, ni les imputer sur le capital.

Art. 34. Le taux de l'intérêt est déterminé par des lois particulières.

L'intérêt qui aura été stipulé à un taux plus fort sera réduit conformément à la loi.

Si l'intérêt a été payé au-dessus du taux légitime,

l'excédant sera imputé, année par année sur le capital qui sera réduit d'autant.

Ces dispositions ne s'appliquent pas aux négociations commerciales.

Les deux premiers articles ne soulevèrent pas de difficultés : mais à propos de l'art. 34 il s'éleva une discussion assez modérée d'abord qui devint bientôt très animée.

M. Cambacérès demanda d'abord le retranchement du dernier alinéa de l'art. 34 qui laissait liberté dans la stipulation de l'intérêt commercial. — M. Treilhard voulut dans l'alinéa premier, substituer à une disposition précise les mots *pourra être déterminée.* — M. Regnaud (de Saint-Jean-d'Angély), partisan de l'intérêt libre, posa nettement la question de savoir si le législateur doit ou non fixer le taux de l'intérêt : il signala les inconvénients d'une loi restrictive ; elle sera facilement éludée : il appuya surtout sur la contradiction qui devait exister entre la législation et le système administratif.

« C'est un autre inconvénient non moins fâcheux que de mettre le système de législation en contradiction avec le système administratif, de lier les particuliers dans leurs négociations à une règle dont le gouvernement sera forcé de s'écarter dans les siennes. On ne pourra, par exemple, placer qu'à 5 p. % sur les particuliers, tandis qu'on placera à 10 p. % sur l'État, en achetant des rentes à 54 ou 55, ou en prenant des effets publics à trois quarts p. % par mois (1). »

(1) Fenet, tome XIV.

La discussion s'engagea : M. Tronchet déclara que le Législateur doit fixer le taux de l'intérêt : ce droit est consacré par l'usage de tous les peuples civilisés : cette fixation est d'ailleurs nécessaire pour le règlement des dommages-intérêts. M. Cambacérès remarqua qu'on pouvait décider que les parties régleraient le taux de l'intérêt par la convention et que dans le cas de leur silence, ces intérêts seraient de 5 p. %. — M. Treilhard demanda alors que le premier paragraphe de l'art. 34 reçut l'addition « *lorsqu'il ne l'aura pas été par la convention.* »

« Il est à craindre, dit M. Treilhard que la loi et les circonstances ne se trouvent pas toujours d'accord. — Ce ne sont pas les conventions qui gênent les emprunteurs. Jamais on ne stipule ouvertement 20, 30, 40 p. % d'intérêts, et d'un autre côté, la loi défendrait inutilement de semblables stipulations; comme actuellement, on les faisait par des moyens indirects, on cumulerait dans l'obligation les intérêts avec le capital. » — La proposition de M. Treilhard fut combattue par M. Maleville pour qui la nécessité d'une loi restrictive était démontrée. — On répondit que dans l'état actuel de l'industrie et du commerce, on pouvait faire de plus grands bénéfices avec de l'argent emprunté à 7 p. % que jadis avec de l'argent emprunté à 5. — Le Conseil d'État conclut en convenant que le droit du Législateur de fixer le taux de l'intérêt conventionnel ne serait exercé qu'autant que les circonstances l'exigeaient : d'ailleurs une loi sur le taux de l'intérêt ne pouvant être invariable, il n'y avait pas lieu de le déterminer dans le Code civil *qui ne doit contenir que des règles éter-*

nelles. La rédaction primitive de l'art. 34 du projet fut changée, et M. Tronchet proposa la suivante qui fut acceptée : « *l'intérêt est légal ou conventionnel ; l'intérêt légal est fixé par la loi ; l'intérêt conventionnel peut excéder celui de la loi ; toutes les fois que la loi ne le prohibe pas. — Le taux de l'intérêt conventionnel doit être fixé par écrit.* »

M. Galli le 2 mars 1804 présentait la rédaction définitive : voici ce qu'il dit relativement au taux de l'intérêt : « A l'égard de l'intérêt conventionnel on doit considérer que celui qui stipule des intérêts les évalue d'après les bénéfices ordinaires que peuvent lui donner les moyens d'emploi qui existent. Mais les circonstances faisant varier l'espoir de ces bénéfices, la loi ne peut les prendre pour base d'une règle générale pour la fixation de l'intérêt.

Et c'est de là qu'il faut conclure que la loi devant se régler sur des circonstances qui changent et qui varient, elle ne peut être invariable. »

M. Bouteville présenta le projet au Tribunat (7 mars 1804), — il fit remarquer les garanties résultant de la fixation obligée du taux de l'intérêt par écrit. — Deux jours après, le tribun Albisson présenta au Corps législatif le vœu d'adoption : « Il ne sera plus permis de remettre en question la légitimité de cette stipulation d'intérêts si longtemps débattue, et si impolitiquement proscrite sur un simple malentendu... C'est la juste haine de l'usure qui a fait condamner l'intérêt, mais autant l'un est coupable, autant l'autre est innocent... Voulez-vous multiplier les usuriers, proscrivez indéfiniment l'intérêt... Le projet distingue l'intérêt légal de l'intérêt conventionnel : le premier est fixé par la loi...

Le second qui est celui dont les parties peuvent convenir dans leurs transactions, peut excéder le taux du premier; mais la loi se réserve d'en fixer la mesure, et l'on sait que cette mesure peut varier suivant le plus ou moins d'activité du commerce, de facilité dans l'emploi de l'industrie, et selon les autres convenances sociales qui ne peuvent être bien appréciées que par le gouvernement, leur perpétuel explorateur, et le plus intéressé à les mettre en harmonie avec les besoins plus ou moins urgents et les ressources plus ou moins abondantes de la société.

Le projet y pourvoit par l'art. 34..... La cupidité est néanmoins si intrépide, lorsqu'elle peut espérer de cacher ces excès, qu'il fallait essayer de la contenir par le frein de la honte ; c'est dans cette vue que le projet ajoute : « le taux de l'intérêt conventionnel doit être fixé par écrit. »

Ainsi le Législateur s'était réservé le droit de fixer le taux de l'intérêt conventionnel : en 1807, il crut le moment venu de le mettre en exercice. La nouvelle loi fut proposée par M. Jaubert : Voici ce qu'on note dans l'Exposé des motifs :

« Le Code qui ne doit contenir que des règles éternelles ne pouvait pas fixer le taux de l'intérêt, qu'il suffisait de laisser dans le domaine de la loi. Le temps est venu d'examiner si cette fixation est nécessaire.

« Il suffit pour le décider de jeter les yeux sur les maux qu'a produits et que produit encore l'arbitraire dans les stipulations. Il est reconnu que le taux excessif de l'argent attaque la propriété dans ses fondements; qu'il ruine l'agriculture; qu'il empêche les propriétaires de faire des améliorations utiles; qu'il corrompt les véritables sources de l'industrie; que par sa pernicieuse facilité de procurer des gains considérables; il détourne les citoyens des professions utiles et modestes!!

Enfin, qu'il tend à ruiner des familles entières et à y porter le désespoir... En vain disait-on que le taux ne doit dépendre que de la position respective du prêteur et de l'emprunteur; du prêteur qui pourrait trouver ailleurs un emploi plus utile; de l'emprunteur qui peut rendre sa condition meilleure par les profits qu'il fera, même en payant un intérêt élevé. *Tout cela rentre dans des applications de détail...* Les prêts ne se font ordinairement que relativement à des propriétés foncières qu'on veut acquérir ou libérer... De là il suit que le taux de l'intérêt, pour que la société n'en souffre pas doit être en rapport avec le produit des propriétés foncières.

La nouvelle loi fut promulguée le 13 sept. 1807. — J'ai dit plus haut quelle est mon opinion sur cette loi restrictive de l'intérêt: pour moi, elle ne peut être un remède à la mauvaise usure qui n'a jamais été plus florissante que sous son empire: le seul remède est dans la concurrence des capitaux amenée par la liberté de l'intérêt.

DROIT ACTUEL.

I.

Du prêt à intérêt.

Le prêt à intérêt n'est autre chose qu'un *prêt de consommation* dépouillé de son caractère ordinaire de gratuité : c'est un *mutuum* dans lequel le prêteur stipule une redevance pour la privation de sa chose et pour le service qu'il rend à l'emprunteur.

Dans ce contrat, il y a translation de propriété d'une certaine quantité de choses qui, *dans l'inten-*

tion des parties, sont déstinées à être consommées par le premier usage. Les rédacteurs du Code ont eu tort de présenter, dans l'article 1892, les choses susceptibles d'être consommées matériellement par l'usage comme pouvant seules faire l'objet du prêt de consommation : ce n'est pas la nature des choses qui font l'objet du prêt, mais bien l'intention des contractants qui est à considérer : telles choses qui se consomment ordinairement par l'usage, pourront être considérées *ut individui* et faire l'objet d'un commodat : par exemple, si j'ai prêté à un changeur des pièces d'or qui doivent rester *ad pompam et ostentationem* dans son étalage. A l'inverse, si un libraire emprute à son confrère tant d'exemplaires de tel ouvrage, de telle édition, à la condition de lui en restituer dans un certain délai le même nombre et de la même édition, il y aura là un véritable *mutuum* et cependant l'objet du prêt n'est pas au nombre des choses qui se consomment par l'usage. C'est donc avant tout l'intention des contractants qu'il faut considérer, car, comme le dit Cujas : « Si autem nummi nonnunquam accipiuntur quasi corpora, non quasi res quæ numero continentur, cur non etiam similiter corpora potuerunt, tanquam quantitatem accipi. » (Sur la loi 2 de reb. cred.).

Le prêt est un contrat *translatif de propriété :* il faut le concours des volontés des parties à la fois sur la *translation* et sur la *cause* de la translation.— Si le *tradens* avait eu en vue un prêt et l'*accipiens* un dépôt, il n'y aura ni prêt ni dépôt, et le *tradens* pourra exiger la restitution immédiate. — Si le *tradens* a cru faire une donation et l'*accipiens* recevoir un prêt à intérêt, il n'y aura ni prêt ni donation. Si cependant la chose livrée à titre de donation a été consommée, qu'arrivera-t-il ? Il est certain que la donation n'aura pas été valable, car dans notre droit une donation n'existe qu'autant qu'elle a été formellement acceptée. Mais ne peut-on pas dire que les deniers ayant été reçus et consommés à titre de prêt, *consummatione mutuum reconciliatur?* Je le crois : qui veut le plus, veut le moins; celui qui a voulu donner a voulu à plus forte raison, faire un prêt ; ce serait un étrange revirement de volonté, et bien difficile à expliquer que celui d'une personne qui, après avoir voulu faire une donation refuserait un prêt à intérêt.

Le prêt est-il un *contrat réel ?* — En le définissant, un contrat par lequel l'une des parties *livre à l'autre*, etc..., le Code montre que le prêt n'est point parfait *solo consensu* : la tradition de l'objet du prêt est nécessaire pour créer l'obligation de l'emprunteur; le prêt est donc un *contrat réel*. Faut-il accuser les rédacteurs du Code, d'avoir voulu ressusciter le formalisme romain qui n'admettait pas que le simple consentement des parties suffît pour créer le lien de droit ? Non : chez nous tout ce qui touche à la forme a disparu; le consentement seul oblige. Mais en faisant du prêt un contrat réel, le Code a émis une idée vraie ; la *tradition* est de l'essence du contrat; elle en est une condition matériellement nécessaire, car l'obligation de l'emprunteur,

qui est de rendre, ne peut naître que s'il a préalablement reçu : dans toute législation, le prêt sera
un contrat réel.

La simple convention de prêter non suivie de tradition, ne serait donc pas un prêt. A Rome, elle
n'aurait été qu'un *pacte nu*, dépourvu d'action : en
France, elle est obligatoire comme toute convention
légalement formée. Le futur emprunteur peut prendre acte de *cette promesse de prêt* et si le futur prêteur
refuse de faire la tradition, obtenir de lui des dommages-intérêts : mais il ne pourrait pas se faire mettre en possession *manu militari*. La promesse de prêt
est un premier contrat qui oblige à en faire un second, c'est-à-dire à réaliser le prêt en faisant la tradition. Ce second contrat ne pourra avoir lieu sans
le consentement du prêteur; s'il ne veut pas le donner, le prêt sera impossible et il ne pourra être
question que de dommages-intérêts.

C'est surtout au point de vue des risques que le
prêt parfait doit être distingué de la *simple promesse*
de prêt. Dans le premier cas, dès que la tradition
a eu lieu, l'emprunteur se trouve débiteur d'un
genre ; or, les genres ne périssent pas : la perte
des choses livrées ne le libèrerait nullement de son
obligation de rendre. Dans le cas d'une *simple promesse de prêt*, au contraire, la chose périt pour le
futur prêteur. La promesse de prêt a créé deux obligations corrélatives, l'une de prêter certaines choses
déterminées, l'autre, de recevoir ces mêmes choses
à titre de prêt : si les choses viennent à périr, les
deux obligations s'éteignent faute d'objet.

Le prêt est-il un *contrat unilatéral ?* — Pothier le tenait pour *synallagmatique imparfait,* et Domat, pour *synallagmatique parfait* : il semble d'abord que c'est à cette idée que se sont arrêtés les rédacteurs du Code, en introduisant une section intitulée : *des engagements de l'emprunteur.* Mais à quelque analyse qu'on soumette le prêt, on n'y voit qu'une obligation principale. C'est celle que contracte l'emprunteur de *rendre la chose* (art, 1892). Il est vrai que le prêteur est soumis à l'obligation tacite de ne pas redemander la chose avant le terme convenu, et qu'il est dans la nécessité d'indemniser l'emprunteur des défauts non apparents de la chose livrée : mais ces *obligations accessoires* ne tiennent qu'à l'équité, ce sont des devoirs inhérents à l'exécution de bonne foi que doit recevoir tout contrat ; ce sont des obligations purement négatives, et les *faits négatifs* sont implicitement renfermés dans tous les contrats : à eux seuls ils ne peuvent donner le caractère synallagmatique, sans quoi il n'y aurait plus de contrats unilatéaux.

Capacité des parties. — Le prêt est un acte d'aliénation : son effet est de transférer la propriété des choses du prêteur à l'emprunteur ; il s'ensuit que le prêt ne peut être fait que par le propriétaire et par le propriétaire capable d'aliéner.

Le prêt n'est donc valable que s'il est fait *a domino :* toutefois l'application de la règle de l'art. 2279, *en fait de meubles, possession vaut titre,* apportera parfois des exceptions à ce principe. Ainsi, quoique le prêt ait été fait *a non domino,* l'action du prêt peut prendre naissance dans deux cas : 1° Quand il ne s'agit

pas de choses volées ou perdues et qu'un emprunteur de bonne foi a invoqué la règle de l'art. 2279 ;
2° quand les choses livrées ont été consommées de
bonne foi.

Dans ce cas, la *condictio* naîtra-t-elle au profit du
propriétaire ? Je crois que c'est au profit du prêteur
qu'elle naîtra, car c'est lui qui a contracté, c'est envers lui que l'emprunteur s'est obligé. Mais le propriétaire pourra invoquer le principe de l'art. 1166,
et exercer l'action du prêteur. Le pourrait-il de
préférence aux autres créanciers ? Quelques auteurs
l'admettent en s'appuyant sur l'équité ; mais je crois
qu'il faut écarter une cause de préférence qui n'est
appuyée sur aucun texte.

De plus, le propriétaire doit être *capable d'aliéner* : le prêt fait par un mineur, un interdit, une
femme mariée non autorisée ne serait pas valable.
Cependant le prêt ne serait pas infecté d'une nullité
absolue, mais de cette *nullité relative* qui frappe les
engagements des incapables sans pouvoir nuire à
ceux-ci. Le prêt sera nul, mais vis-à-vis de l'incapable seul qui pourra revendiquer sa chose si elle
existe encore en nature, et redemander une chose
semblable si la première a été consommée. C'est à
tort qu'il a été enseigné que la *consommation* conso-
liderait le prêt vis-à-vis de l'incapable ; il est évident
que le prêt n'étant pas parfait, l'incapable, pour demander l'équivalent de sa chose, ne sera pas obligé
d'attendre l'expiration du terme. Le contrat lie l'emprunteur seul qui supportera les risques.

Quant à la capacité de l'emprunteur, elle est restreinte par de sages précautions ; la loi devait s'in-

quiéter des périls dont l'emprunt est semé : c'est ce
qu'elle a fait en le défendant au mineur même éman-
cipé, à l'interdit, à celui qui est pourvu d'un conseil judiciaire (art. 483, 509, 513 Code Nap.). Le
tuteur ne peut emprunter sans l'autorisation du conseil de famille (art. 457); la femme mariée, même
séparée de biens, ne peut emprunter sans l'autorisation du mari ou de justice (art. 217, 219). Au sur-
plus, le droit d'emprunter appartient à tous ceux
pour lesquels aucune exception n'a été écrite par la
loi. Les entraves au droit d'emprunter s'étendent
jusqu'aux municipalités. L'emprunt est, pour elles,
une ressource extraordinaire, qui ne doit être mise
en jeu que dans le cas d'une nécessité bien consta-
tée. Les villes, dont le budget atteint ou dépasse
100,000 fr., ne peuvent contracter d'emprunt qu'en
vertu d'une loi : celles dont le revenu n'atteint pas
ce chiffre, peuvent emprunter avec l'autorisation du
ministre de l'intérieur et en vertu d'un décret impé-
rial (loi du 18 mai 1818, art. 43). — Les lois d'emprunt qui intéressent la nation entière sont prépa-
rées au Conseil d'Etat, et soumises à l'approbation
du Corps législatif et du Sénat.

Ainsi, l'emprunteur doit être capable de s'obliger,
car il contracte l'obligation *de restituer*. Quand la
restitution est-elle exigible ? A l'échéance du terme;
le prêteur doit attendre l'expiration du terme pour
réclamer. S'il n'y a pas eu de terme fixé, le juge a
le droit d'en fixer un (art. 1900). — Si le prêt a été
fait avec la clause que l'emprunteur remboursera
quand il le pourra, les tribunaux fixeront encore un

terme pour le paiement (art. 1901) ; il en sera de
même s'il y avait la clause *quand il le voudra* ; pour
un honnête homme, pouvoir, c'est vouloir. — Dans
ces divers cas, le juge pourra appliquer la disposition de l'art. 1244, et usant de ce droit avec réserve, accorder des délais même après l'expiration
du terme fixé.

Que doit comprendre la restitution ? Les principes
qui la régissent sont différents suivant qu'il s'agit de
prêts de denrées et de lingots ou de prêt de sommes
d'argent.

S'il s'agit de *prêts de denrées*, l'emprunteur doit
rendre les choses prêtées en pareille quantité (art.
1892) l'obligation de rendre autant en qualité et
bonté est de droit; elle n'a pas besoin d'être expri-
mée. On ne s'attache qu'à la valeur intrinsèque des
denrées prêtées. L'emprunteur n'est pas tenu de la
dépréciation que, depuis le prêt, peut avoir subi le
cours des denrées; quoiqu'il reçoive moins en valeur commerciale qu'il n'a livré, le prêteur n'a pas
le droit de se plaindre. D'ailleurs, si les fluctuations
du prix des denrées sont en sens inverse, il fera un
bénéfice; l'*alea* est réciproque : des expertises seraient fécondes en procès et entraveraient l'exécution
du contrat.

Dans les *prêts de sommes d'argent*, la restitution
est régie par d'autres principes. L'obligation n'est
toujours que de la *somme numérique* énoncée au contrat..... le débiteur doit rendre la somme numérique
prêtée et ne doit rendre que cette somme dans les
espèces ayant cours lors du paiement (art. 1895) :

On considère ici non pas le nombre et la qualité des pièces prêtées; mais bien la valeur légale (1) qu'elles représentent. La même valeur numérique sera rendue en espèces ayant cours lors du paiement : *Le cours légal* des monnaies est seul à considérer, le cours commercial ne l'est aucunement : L'emprunteur pourra se libérer avec la monnaie ayant cours légal lors du paiement, quelle qu'en soit la valeur commerciale et intrinsèque. C'est une nécessité d'ordre public que chacun soit contraint d'accepter la monnaie comme représentant réellement la valeur que l'empreinte du souverain lui donne (2).

Le prêteur ne pourrait pas stipuler qu'une indemnité lui serait due dans le cas où il serait remboursé avec une monnaie dépréciée; il serait contraire à l'ordre public d'entraver par des calculs de différences entre la valeur de la monnaie au jour du prêt et sa valeur au jour de la restitution le fait du souverain qui lui donne une valeur légale, une valeur fixe et précise pour laquelle elle circule : Des expertises de chaque instant pour en déterminer le poids et l'aloi ne pourraient que l'amener au discrédit.

Quel sera *le lieu de la restitution* si les parties ne

---

(1) « Toutefois, et quantes qu'argent se baille..... il est certain qu'il ne se baille pas comme une masse d'or ou de tel métal, ni comme certains corps ainsi formés et figurés comme une image ; mais se baille et employe comme faisant la quantité et valeur qui en résulte lors, et sous la contemplation et est lors de l'emploi et du contrat, si on le considère comme masse, ce n'est plus le considérer comme monnaye » (Dumoulin.)

(2) M⁰ Duvergier, *Traité du Prêt.*

l'ont point fixé? Le Code est muet sur cette question : a-t-il voulu s'en référer à la disposition de l'art. 1247, § 1 qui indique le domicile du débiteur? Quand il s'agira de prêts de sommes d'argent, on est d'accord pour appliquer cet article : doit-il en être de même pour le prêt de denrées? Pothier le niait, et donnait la préférence au lieu où le prêt avait été fait. J'adopte l'opinion de Pothier; il y aurait dans bien des cas une grande injustice à appliquer l'art. 1247; le prêteur ou l'emprunteur suivant les circonstances en éprouverait un préjudice considérable. D'ailleurs, l'art. 1903, § 2, fournit un argument péremptoire en faveur de ce système; il décide qu'au cas où l'emprunteur se trouve dans l'impossibilité de rendre les choses en nature, il doit en payer la valeur, en égard au temps et · au *lieu* où l'emprunt a été fait. Si la règle du prêt se fut trouvée dans l'art. 1247 on eut fait l'estimation eu égard au domicile du débiteur.

Une disposition très-rationelle est celle de l'art. 1906, aux termes de laquelle *l'emprunteur qui a payé des intérêts non stipulés ne peut ni les répéter ni les imputer sur le capital.* La circonstance d'un paiement intervenu dans l'absence d'une stipulation, fait à bon droit supposer que l'emprunteur a voulu s'acquitter d'une obligation naturelle. Le prêteur se prive de son capital et rend un service à l'emprunteur; celui-ci doit lui en tenir compte, à moins qu'il n'ait été bien entendu que le prêt aurait le caractère de la gratuité : une libéralité ne se présume pas, et dans l'état actuel de nos mœurs, malgré le silence des parties, et à moins qu'il ne s'agisse de sommes modiques, un prêt d'argent doit être tenu pour un prêt à intérêt.

Voilà une *présomption* établie dans l'intérêt du prêteur. L'art. 1908 en contient une à l'avantage de l'emprunteur : *La quittance du capital donnée sans réserve des intérêts en fait présumer le paiement et en opère la libération.* Cette présomption de libération s'explique par l'art. 1254, aux termes duquel le créancier a le droit d'imputer ce qu'il reçoit de son débiteur, d'abord sur les intérêts, puis sur le capital; lors donc qu'il reconnaît qu'un paiement a éteint le principal, il est censé reconnaître aussi que les intérêts ont été soldés.

Cette présomption pourra-t-elle être détruite par la *preuve contraire?* Le créancier qui a donné quittance du capital sans réserve des intérêts, sera-t-il admis à prouver qu'en réalité le paiement des intérêts n'a pas eu lieu? Non; la présomption de libération est une de celles pour lesquelles la loi *dénie l'action en justice* (art. 1352). Ainsi le débiteur qui est resté trente ans sans être poursuivi par son créancier, est protégé par une présomption légale de libération, contre laquelle le créancier n'aurait pas même la ressource de l'aveu ou du serment. La présomption légale de libération ne peut être combattue par la preuve contraire qu'autant que celle-ci a été spécialement réservée par la loi elle-même, et la loi ne l'a pas réservée pour la présomption de l'art. 1908.

De l'anatocisme.

Dans notre ancien Droit français, devant l'interdiction générale du prêt à intérêt par les ordonnances, la question de savoir si l'on permettrait la production des intérêts par les intérêts eux-mêmes ne pouvait se présenter : cependant même dans les cas peu nombreux où l'intérêt avait trouvé le moyen de se faire admettre en se déguisant, les ordonnances renouvelèrent pour l'*anatocisme* la prohibition de Justinien. Le droit intermédiaire ne s'expliqua pas sur cette convention et les tribunaux continuèrent de la juger illégale. Le Code Napoléon, tout en admettant le prêt à intérêt, tout en laissant même aux parties liberté entière pour la stipulation du taux, n'a pu s'empêcher de prendre des précautions contre l'anatocisme. Et cela se conçoit : les termes du débat seraient ici obscurs pour la plupart des débiteurs ; ils s'engageraient en aveugles sans mesurer la portée de l'obligation contractée, et sans comprendre dans quelle effrayante proportion une dette d'argent peut s'accroître, grâce à l'intérêt composé. La convention d'anatocisme pour des *intérêts futurs* est pleine de périls et le Code ne pouvait l'autoriser : les intérêts ne pourront produire d'intérêt qu'autant qu'ils seront eux-mêmes échus et dus pour une année au moins (art. 1154, Code Nap.). Cela pourra avoir lieu par une demande judiciaire ou par une convention.

L'intérêt d'intérêts, en tant qu'il s'agirait de le

stipuler à l'avance et pour des intérêts *futuri temporis,* est absolument défendue. Certains auteurs ont cependant prétendu que l'art. 1154 parle de conventions antérieures à l'échéance : leur opinion est contredite par le texte de l'article lui même et de l'art. 1155 ; la convention est mise sur la même ligne que la demande judiciaire, ce qui prouve qu'il s'agit d'une convention faite sur des intérêts que l'on pourait réclamer judiciairement, c'est-à-dire échus dès à présent.

La règle de l'art. 1154, restrictif du droit commun, n'étant écrite que pour les intérêts de capitaux ne s'appliquerait ni à des loyers de fermes ou de maison, ni à des arrérages de rentes (art. 1155). Ici l'accumulation ruineuse pour le débiteur n'est pas à craindre, puisqu'il n'a pas à restituer de capital. Mais s'il n'est pas nécessaire que ces revenus soient dus pour un an, il est indispensable qu'ils soient échus préalablement à la convention qu'ils porteront intérêt.

La Cour de cassation (12 nov. 1844) a décidé que les intérêts compris, dans chaque compte courant entre commerçants, peuvent être capitalisés pour produire eux-mêmes intérêts, du jour où chaque compte est dressé, quoiqu'il s'agisse d'intérêts dus pour moins d'une année.

La loi fait, dans certains cas, courir les intérêts de *plein droit,* s'ensuit-il que les intérêts de ces intérêts doivent également courir de plein droit ? Non : la prohibition de l'anatocisme forme la règle générale ; l'intérêt des intérêts ne peut être accordé que dans les limites déterminées d'une manière précise par la loi. L'art. 1154 ne permet, en principe, la capitalisation des intérêts qu'à partir de la demande ; aucune exception est écrite pour les intérêts dus de plein droit.

II.

Du taux de l'intérêt.

La loi de 1807 fixe le taux de l'intérêt conventionnel : il *ne pourra excéder* en matière civile 5 %, ni en matière de commerce 6 °/° ; le tout *sans retenue* (art. 1.) — Les expressions de la loi montrent que ce taux est un *maximum* ; la règle est formelle et absolue ; elle ne saurait être éludée, dans aucun cas, ni à la faveur d'aucune stipulation : elle est inflexible ; quelques considérations qu'on invoque, quelles que soient les circonstances particulières qui ont accompagné le prêt, elle ne saurait être violée.

La règle est d'*ordre public* : les parties ne pourraient y déroger par leurs conventions. — Est-ce à dire pourtant qu'une stipulation d'intérêts, faite en pays étrangers, à un taux excédant l'intérêt licite en France ne pourrait recevoir la sanction de nos tribunaux et être mise à exécution sur notre territoire ? Non certes : le cas de fraude pourtant excepté. Bien que la loi de 1807 crée le délit d'usure, il faut reconnaître que c'est un délit ayant un caractère spécial et qu'il ne viole pas une de ces règles universelles qui doivent être sanctionnées par tous les peuples. Restriction en deçà des Pyrénées, liberté au-delà. Le magistrat français ne pourrait refuser la formule exécutoire à une obligation souscrite dans un pays qui n'a pas cru d'ordre public de soumettre le taux de l'intérêt à un maximum.

La loi de 1807 a proportionné le taux de l'intérêt aux risques que court le prêteur; il est plus élevé en matière commerciale qu'en matière civile. Mais où prendre le critérium d'une distinction pratique? Quand y aura-t-il *prêt de commerce?* Si les deux parties sont commerçantes, pas de difficulté: l'intérêt sera de 6 %, alors même que les sommes prêtées devraient être employées par l'emprunteur à des opérations qui ne rentrent pas dans son commerce habituel. Mais *quid* si l'une ou l'autre seulement des parties fait le commerce? Je crois que, dans les deux cas, le prêt doit être déclaré commercial. Celui qui prête à un commerçant court des risques plus grands que celui qui confie des fonds à un simple particulier. A l'inverse, le commerçant qui livre ses fonds à un non-commerçant soustrait, de son commerce, un argent que la loi estime produire 6 %: Plus valet pecunia mercatoris quam non mercatoris.

Quel est le sens des derniers mots de l'art. 1: le *tout sans retenue?* Dans notre ancien droit, on pensait que les impôts établis sur les revenus fonciers devaient s'étendre aux rentes et aux intérêts de capitaux qui avaient servi à l'acquisition ou à l'amélioration des immeubles. L'impôt *des vingtièmes* se levait sur les propriétaires de biens-fonds, et il était juste

que cet impôt fut supporté encore par le crédit rentier qui, sous le nom d'arrérages ou d'intérêts, per-
cevait une portion du revenu de ces mêmes fonds :
pour que les créanciers de capitaux ne se trouvas-
sent pas affranchis de la contribution, l'édit de mai
1749 autorisait les débiteurs de rente à *retenir* sur les
arrérages jusqu'à compensation de ce qu'ils avaient
payé pour les *vingtièmes* en faisant la preuve de ce
paiement. La retenue était de droit ; la *non-retenue*
pouvait être stipulée à moins qu'elle n'eut pour effet
de placer les arrérages au-dessus du taux de l'ordonnance. Lorsque le taux de l'intérêt ne fut plus limité
par la loi, les parties pouvant stipuler les intérêts
qu'elles jugeaient convenables, il ne fut plus question
d'appliquer la retenue de l'édit : en 1807, il fut
décidé que la *non-retenue* serait de droit.

D'après l'article 1907 du Code Napoléon, le taux
de l'intérêt conventionnel doit être fixé *par écrit*.
Cette disposition avait eu pour but, avant la promulgation d'une loi restrictive, de mettre un frein
à la cupidité : des intérêts très élevés pouvaient être
stipulés, mais à la condition d'être stipulés au grand
jour : un écrit obligé était une barrière contre
l'exploitation des usuriers qui aurait eu là un témoignage irrécusable. En conséquence, si le créancier n'avait pas satisfait à l'exigence de la loi, il
lui était interdit d'établir le taux de l'intérêt stipulé par les moyens de preuve ordinaires. Aujour
d'hui, sous l'empire d'une loi de maximum, la
disposition de l'article 1907, n'a plus de raison
d'être ; le danger que craignait la loi n'existe plus,

car un créancier ne viendra jamais devant la sanction de la loi de 1807, demander à prouver par
témoins qu'il a stipulé un intérêt supérieur au
taux légal. Dès lors, quelles raisons invoquer pour
l'empêcher de faire la preuve par témoins d'une
stipulation d'intérêts permis? La formalité de l'écrit
a été inspirée par des motifs qui n'existent plus ;
l'article 1907, à mon avis, est indirectement abrogé :
cessante ratione, cessat lex. Cependant plusieurs
auteurs n'admettent pas cette abrogation et des arrêts ont été rendus conformément à leur opinion :
Tout ce qu'on peut dire pour la soutenir, me paraît
perdre toute valeur devant cette réflexion : s'il est
prouvé par un écrit, soit par témoins, qu'il y a eu
entre les parties une stipulation d'intérêts, quoique,
muette sur leur taux, les juges, interprétant la volonté des contractants, accorderont au demandeur
l'intérêt légal : celui-ci obtiendra tout ce qui lui
aurait été accordé s'il s'était conformé à la prescription de l'article 1907 : dès-lors, cette prescription
est tout à fait inutile.

Le principe de la loi de 1807 est *de rigueur :*
le taux qu'il édicte est applicable sans exception à
toutes les conventions portant *directement* ou *indirectement* stipulations d'intérêts.

La limitation de l'intérêt ne s'applique pas :

1° *A la rente viagère.* — En raison de son caractère aléatoire, l'article 1976, Code Napoléon, permet de la constituer au taux qu'il plaît aux parties
contractantes de fixer. La nullité de la rente via-

gère pourrait cependant être prononcée s'il était établi qu'elle dissimule un prêt usuraire.

2° *Au prêt à la grosse et au contrat d'assurances :* le profit maritime et la prime d'assurances peuvent être réglés librement par les contractants (art. 311 et 332 Cod. comm.).

3° *Au prêt de denrées :* ce prêt a été considéré, par les législateurs de 1807, comme mêlé de chances aléatoires qui ne se rencontrent pas dans le prêt de sommes d'argent : les variations des prix des denrées ont frappé leur esprit beaucoup plus que les variations du prix de l'argent. Il était d'ailleurs conforme à la tradition historique de ne pas soumettre à la même règle ces deux genres de prêt. L'intitulé de la loi de 1807, loi sur l'*intérêt de l'argent.* laisse les prêts de denrée sous la règle de l'article 1905 du Code Napoléon. Quelques auteurs voudraient une exception formelle et pour eux, la rubrique de la loi de 1807 n'est nullement probante, l'intitulé des lois n'étant pas voté comme le texte lui-même. Mais il est certain que la pensée des rédacteurs se porta uniquement sur le prêt d'argent ; il fut exclusivement question de lui au Conseil d'Etat.

4° *Les monts de piété :* la *Banque de France* depuis la loi de mai 1857 sont autorisés à prêter à un intérêt qui dépasse le taux légal.

5° Certaines *Sociétés anonymes* ont aussi la faculté d'émettre des obligations dont le taux est supérieur à 6 p. %.

6° La *Caisse hypothécaire* pouvait d'après un arrêt de la Cour de cassation prêter au-delà du taux légal : les primes qu'accordait la Caisse apportaient dans le contrat des chances aléatoires.

Certains interprètes ont essayé d'étendre les mêmes décisions à l'antichrèse et au contrat de constitution de rente qu'ils ont voulu placer hors de la règle restrictive de la loi de 1807.

L'art. 2089, Code Napoléon, attribue certainement à l'*antichrèse* un caractère aléatoire : quand les parties sont convenues qu'il y aurait compensation des fruits et des intérêts, le hasard joue un grand rôle. Mais au moment de la promulgation du titre de l'antichrèse, le taux de l'intérêt était libre, et la loi de 1807 est venue modifier l'art. 2089, Code Napoléon. Si les fruits excèdent évidemment, toute appréciation faite des risques, l'intérêt légal des sommes prêtées, l'excédant sera imputé sur le capital dû au créancier.

Quant à la *constitution de rente,* elle comporte les mêmes distinctions que le prêt à intérêt : Si le capital consiste en denrées, les arrérages pourront excéder le taux de la loi de 1807 ; cela sera impossible si le capital de constitution est en argent. M. Favard de l'Anglade (v° intérêts, n° 7) a prétendu que la rente constituée ne comporte en aucun cas l'application de la loi de 1807 : il se fonde surtout sur ce que la loi ne parle que du prêt à intérêt proprement dit et il ne veut pas l'appliquer à un contrat où le capital est aliéné. C'est une erreur manifeste. Dans le contrat de constitution comme dans le prêt, il y a un intérêt stipulé; la constitution est un moyen comme le prêt de faire fructifier les capitaux. Les *arrérages* ne sont en définitive que des intérêts; les mêmes règles de stipulation, d'extinction, de préscription quinquennale les régissent : (la différence énoncée en l'art. 1155, Code Napoléon est insignifiante). La circonstance que le remboursement est inexigible, est indifférente en ce qui concerne la loi restrictive des intérêts: l'opinion de M. Favard ne s'appuye logiquement sur rien,

Je ne dirai pas pourtant comme la plupart des auteurs que la constitution de rente n'est qu'une modalité du prêt et que le Code en traitant des deux contrats sous la même rubrique a voulu les soumettre aux mêmes règles de droit. Si je ne vois pas de différence entre la constitution et le prêt au regard de la loi restrictive des intérêts conventionnels, j'en aperçois de très saillantes au point de vue du mode de contracter : Ainsi, si le prêt est un contrat *réel* et *unilatéral,* je tiens le contrat de constitution de rente pour *consensuel* et *synallagmatique :* elle présente des traits communs avec le prêt que le Code fait ressortir en les plaçant côte à côte. Le prêt, proscrit jadis, est permis aujourd'hui et mis en regard de la rente sur la légitimité de laquelle on ne concevait pas de doutes : mais n'oublions pas que la rente n'a dû son admission qu'à ce qu'elle était une vente : elle l'est encore aujourd'hui; son caractère juridique reste encore différent de celui d'un *mutuum.*

L'exécution rigoureuse de la loi de 1807 serait la ruine de tout commerce et de toute industrie. Devant les nécessités impérieuses du crédit, la jurisprudence a dû faire fléchir les principes de la loi restrictive, et légitimer dans les opérations de banque qu'on appelle *escompte* et *commission* la perception d'un taux supérieur à 6 p. %. Ces décisions imposées par les faits me semblent des faux-fuyants basés sur des distinctions plus spécieuses que réelles et qui ne peuvent se défendre au point de vue juridique. La loi de 1807 est générale; réglant le genre, elle doit régler toutes les espèces; une mesure générale embrasse tous les cas particuliers sauf exception écrite dans la loi.

Qu'est-ce que l'*escompte?* Il y a lieu lorsqu'un créancier à terme reçoit son paiement par anticipation moyennant une déduction sur la somme qui lui est due, au profit de celui qui la paye. Le porteur d'un billet payable dans six mois, le présente à un banquier qui lui en solde le montant sous la déduction de 1 p. % par mois; l'escompte est cette retenue proportionnée au temps qui reste à courir jusqu'à l'échéance du billet.

Nos anciens jurisconsultes n'avaient vu dans l'escompte qu'un intérêt conventionnel. « L'acheteur, dit Pothier fait diminution au vendeur d'une partie de la somme pour *escompte*, c'est-à-dire pour l'*intérêt* que la somme aurait produit depuis le paiement que fait l'acheteur jusqu'au jour de l'échéance du billet.

Jousse sur l'art. 1er du titre VI de l'ord. du Comm. de 1673 dit également : « l'escompte est une *espèce d'intérêt;* c'est une diminution du prix, à cause de l'anticipation du paiement fait avant l'échéance du billet ou de la lettre »

Aujourd'hui la jurisprudence ne considère plus l'escompte comme un intérêt conventionnel : pour le soustraire au niveau inflexible de la loi de 1807 elle s'efforce de justifier une théorie qui se résume en ceci : l'escompte n'est pas un prêt ; le banquier *achète une créance :* la vente laisse le champ ouvert aux conventions des parties, le prix peut en être librement débattu.

Voici comment M. Troplong (du *prêt,* n° 270) expose le système de la jurisprudence : « le banquier qui escompte ne fait pas un prêt. Adonné au commerce de l'argent et des billets, il ne fait qu'acheter une créance, et comme 10,000 fr. payables dans un an, ne vallent pas 10,000 fr. payables actuellement, il donne un prix moindre du prix nominal. Ce prix se calcule sur le temps à courir, sur la solidité que présente la signature du souscripteur, sur la valeur de cette signature sur la place, etc.... Si le crédit du souscripteur est reconnu, l'escompte sera plus faible ; s'il est incertain, l'escompte s'élèvera. D'ailleurs, *minus valet actio quam res adquam datur actio.* Il faut donc de toute manière que le cédant paye et le délai qu'il impose à l'acheteur de son billet et les dangers d'un recouvrement chanceux auxquels se soumet ce dernier.... j'ai dit que le banquier achète une créance ; j'ajoute que de son côté le porteur achète une somme présente pour une somme non échue. Dans tous les cas, le porteur qui vend sa créance ne contracte pas *l'obligation de rendre,* caractéristique du prêt : son obligation est de livrer la chose et d'en garantir le paiement. D'autre part, le banquier devient propriétaire de l'effet au même titre que s'il eût acheté tout autre meuble; il l'utilise comme il l'entend et il n'a plus à faire avec le cédant qu'autant qu'il y a matière à garantie. »

La distinction que M. Troplong prétend établir entre le prêt à intérêt et l'escompte est insoutenable à la fois au point de vue scientifique et au point de vue juridique.

En allant au fond des choses, quelle est l'opération que l'on trouve dans un prêt à intérêt? c'est une vente : le prêteur vend une certaine quantité de marchandise monnaie ; l'emprunteur le paie avec une promesse de restitution et une redevance annuelle appelée intérêt. Donc, à scruter la nature du prêt, on trouve une vente qui préside à l'agissement. Que si l'escompteur prétend avoir le droit, parce qu'on lui *vend une créance* de la payer le moins cher possible, la prétention du capitaliste prêteur n'est-elle pas aussi bien fondée quand il demande à *vendre* son argent aussi cher que possible? il ne le peut pas, parce que la loi de 1807 s'y oppose; mais elle s'y oppose *pour l'un comme pour l'autre*, car l'un est vendeur comme l'autre est acheteur. Donc la différence entre les deux opérations prêt et escompte est nulle; elles sont identiques, leur base est la même : Le prêt comme l'escompte repose sur une *vente*, et prouver que l'escompteur achète une créance, c'est ne rien prouver du tout.

Et maintenant au point de vue juridique, où sera la différence entre le prêt et l'escompte? les éléments constitutifs du prêt, sont : 1° Une chose livrée ; 2° Obligation de rendre une chose semblable.

13

C'est cette deuxième condition, *caractéristique du prêt,* dit M. Troplong, qui ne se trouve pas dans l'escompte. Quand même cela serait prouvé, comment cet auteur pourrait-il conclure que la loi de 1807 ne s'applique pas ici, lui qui admet que la loi restrictive s'applique à un contrat où l'obligation de rendre n'existe évidemment pas, où le capital est inexigible, la constitution de rente! Et d'ailleurs, l'obligation de rendre se trouve dans l'escompte. L'escompté garantit la solvabilité du souscripteur du billet; n'est-ce pas s'engager à rendre à l'escompteur la somme que celui-ci lui livre, au cas où le principal débiteur ne paierait pas? Ces éléments caractéristiques du prêt se retrouvent donc dans l'escompte; la nature juridique des des deux contrats est la même.

Après cela je suis peu touché des considérations que la jurisprudence invoque en faveur des banquiers, en trouvant dans leurs opérations des causes nombreuses d'indemnité distinctes de l'intérêt commercial des fonds déboursés. Ces causes d'indemnité sont très justifiées en pratique, mais aucun texte ne les concède, et quand la loi permet de dépasser les intérêts légaux, elle le dit expressément.

La jurisprudence se fonde principalement sur cette raison que le banquier qui escompte du papier, doit, pour en opérer l'encaissement, supporter les frais de change et de rechange. Mais ce serait rayer la loi de 1807, que de permettre au créancier d'obtenir un intérêt supérieur au taux légal parce qu'il est obligé de faire des frais pour arriver à l'encaissement. Le paiement, d'après l'art. 1247, du Code Napoléon, ayant lieu au domicile du débi-

teur, le créancier doit, à chaque instant, faire des
frais pour encaisser, soit les intérêts soit le capital.
Proposer telle ou telle considération en vue d'une
indemnité augmentant le taux légal, voilà ce que
la loi n'admet pas : elle a fixé un taux invariable
qui doit couper court aux contestations.

L'usure peut se cacher sous des combinaisons innombrables de dol et de fraude : le nom des contrats qui servent à la masquer est *Légion :* elle emprunte l'aide de presque toutes les conventions
honnêtes qui peuvent servir de voile à ses déguisements. Suivre ce caméléon dans ses transforma-
tions diverses est chose impossible. Je citerai cependant quelques-unes des recettes les plus usitées.

La *vente à réméré* est un contrat suspect au premier chef.—Pierre vend un immeuble pour 10,000 f.
à Paul : peut-il convenir avec Paul que le réméré ne
pourra être exercé qu'au prix de 15,000 francs ?
D'après Pothier, une telle clause n'est pas nécessairement et par elle-même illicite, parce que le réméré n'étant pas dû au vendeur par la nature même
du contrat de vente, on peut le lui faire acheter.
D'ailleurs, peut-être, l'immeuble acquerra-t-il sous
peu une plus-value importante dont on doit certainement tenir compte à l'acheteur? Le juge pèsera,
dans sa sagesse cette clause de réméré, et la modi-
fiera ou l'annulera si elle lui est prouvée usuraire.

La vente même pourrait être annulée si elle
était prouvée n'être que la simulation d'un prêt
usuraire garanti par un gage. Ce serait *un contrat*

pignoratif. On reconnaît ce contrat à deux caractères: et d'abord, à la *vileté du prix.* La vente ayant pour but de procurer un gage au créancier, ce dernier a tout intérêt à ce que la valeur du gage soit supérieure au montant de sa créance; d'autre part, le débiteur, s'il a l'intention d'exercer le rachat, est intéressé à ce qu'il ne soit pas inséré dans l'acte de vente un prix qui ne serait pas en rapport avec la somme dont il est débiteur. Le deuxième caractère habituel de l'impignoration, c'est la *clause de relocation* de l'immeuble au vendeur : le prix du prétendu bail représente, pour le créancier, l'intérêt de son capital.

Dans aucun cas, les juges ne pourraient maintenir la clause en vertu de laquelle le créancier, à défaut de paiement, deviendra propriétaire incommutable de la chose donnée en gage : l'article 2088 du Code Napoléon prohibe cette clause dangereuse pour le débiteur.

La vente des marchandises est le contrat classique pour déguiser les prêts usuraires. Un compère est derrière l'Harpagon pour racheter à vil prix les squelettes ou les crocodiles empaillés livrés à des sots pour des prix fantastiques.

L'usure se déguise parfois sous une stipulation d'intérêts légaux, mais reportée à une époque antérieure au prêt. Ce sont *les intérêts retenus en dedans.*

Le *contrat d'échange* sert souvent dans les campagnes à voiler des taux usuraires.

Voici le tableau présenté à l'Assemblée législative par M. Cassal des ravages causés par l'usure dans les

départements de l'Alsace, On constatera à la fois l'art
infernal déployé par les usuriers et l'impossibilité
matérielle sous l'empire d'une loi de maximum de
porter remède à des rapines insaisissables.

« L'usurier ne procède plus de cette façon : Je
vous prête 100 fr., moyennant 10 fr., jamais rien
de semblable n'est écrit. On fait faire un billet de
100 fr. et l'on n'en donne que 90. On a soin de le
faire hors de la présence de témoins et alors, vous
avez la disposition de l'art. 1322 du Code civil qui
établit une présomption légale en faveur du créancier qui a un écrit. Plus souvent on voit des ventes à
réméré : une propriété est achetée moyennant
100 fr. et on n'en donne que 90 ; et quand le débiteur veut ravoir son immeuble, il est bien obligé de
rembourser la somme stipulée comme prix dans le
contrat ; heureux encore si l'on consent à lui rendre
sa propriété. Dans ce cas aussi les stipulations de
l'art. 1325 du Code civil sont exactement remplies ;
vous n'avez pas de témoins : il est impossible de
prouver l'usure.

Mais tout cela, c'est l'ABC de l'usure.

L'usurier ne stipule que rarement en son nom
personnel. L'emprunteur quelquefois ne le connaît
même pas ; il a affaire à un intermédiaire, à un
espèce de courtier, qui ordinairement n'a rien à
perdre, pas même l'honneur, qui perçoit aussi son
droit de courtage et augmente encore l'intérêt de
l'argent. Lorsque les prêts se font, on commence par
demander une caution. C'est cette caution qui signe
le billet, elle porte à l'emprunteur ou vice versà ;

l'intermédiaire signe le billet également, et il est quelquefois couvert de trois, quatre, cinq signatures, avant d'arriver au véritable prêteur. L'usurier se trouve alors dans cette position, qu'en langage de droit on appelle un tiers-porteur de bonne foi.

La fin du métier consiste à faire un trafic quelconque : dans les premiers temps, le commerce des bestiaux, plus tard celui des immeubles. Voici alors ce qui se pratique. Tantôt on prête une somme, toujours par un intermédiaire, sur un simple billet ou sur une obligation notariée, et d'un autre côté on se fait vendre à vil prix un champ ou un autre immeuble: on a soin cependant de s'arranger de manière à ce que la lésion des 7/12e ne soit pas atteinte. Ces hommes qui exploitent ainsi nos campagnes se sont divisé le territoire : chacun a son triage, sa portion à exploiter, et il est rare qu'un autre se permette d'y aller faire des affaires. Vous comprenez dès-lors qu'ils connaissent parfaitement la valeur des propriétés, mieux que les paysans eux-mêmes. Il peut y avoir ainsi des usures de 100, de 200 p. % sans que la loi y ait absolument rien à voir. »

Enfin le *mohâtra* florit encore et des stipulations usuraires ont été prouvées dans les contrats les moins destinés en apparence à les abriter. Des *donations rémunératoires*, veuves du *nullo jure cogente* ont été faites par des gens spoliés à des usuriers qui ne perdaient pas de vue les profits de la bonne renommée. Des beaux-père ont acheté, dans des *contrats de mariage*, au taux de 15 % le droit de marier leur fille à un usurier. Deux chefs-d'œuvre dans ce genre d'exploitation.

III.

Sanction de la loi restrictive de l'intérêt.

La sanction de la loi restrictive du taux de l'intérêt conventionnel est *civile* ou *pénale*. Un fait usuraire isolé est un délit civil qui donne lieu à une action en restitution : une série de stipulations supérieures au taux légal établit chez le prêteur l'*habitude d'usure* qui est punie de peines correctionnelles. Ce serait à tort qu'on prétendrait qu'il n'y a réellement usure que dans ce second cas ; car, pour que l'habitude constitue le délit, il faut qu'il y ait eu des prêts usuraires : si le premier fait n'était pas une usure, sa reproduction ne saurait en être une ; il y a prêt à usure en matière civile et l'habitude en fait un délit pénal. Si plusieurs faits du même genre forment un délit, dit M. Chardon (*de l'usure*, n° 59) il n'est pas possible que les mêmes faits pris isolément soient des actions licites.

§ 1.

SANCTION CIVILE.

En cette matière, la loi de 1850 est venue modifier les principes de la loi de 1807 ; une longue controverse, entre la doctrine et la jurisprudence, a été tranchée par la loi nouvelle.

Voici comment s'exprimait l'art. 3 de la loi de 1807:
Lorsqu'il sera prouvé que le prêt conventionnel a été
fait à un taux excédant celui qui est fixé par l'art. 1,
le prêteur sera condamné par le tribunal, saisi de la
de la contestation, à restituer cet excédant s'il a reçu,
ou à souffrir la réduction sur le capital de la créance,
et pourra même être renvoyé, s'il y a lieu, devant
le tribunal correctionnel pour y être jugé conformément à l'article suivant.

Les moyens de venir au secours de l'emprunteur
lésé sont les deux suivants :

1° *L'imputation* de l'excédant d'intérêts sur le
principal de la créance, si le prêteur est encore son
créancier, si le capital n'a pas encore été payé.

2° La *restitution*, si la dette est éteinte, si l'emprunteur s'est entièrement libéré.

La doctrine prétendait que dans le premier cas
l'imputation de l'excédant d'intérêts payés par l'emprunteur devait se faire par compensation et de
plein droit au jour même des paiements; que dans
le cas où il y avait lieu à restitution, la compensation étant impossible, l'excédant devenait productif
d'intérêts de plein droit, à compter du jour du paiement et avant toute demande en justice. Les raisons
dans le premier cas étaient qu'à partir du paiement
d'intérêts usuraires, l'emprunteur devient créancier
de l'excédant, que dès-lors il existe deux dettes également liquides et exigibles, et comme telles susceptibles de compensation. Dans le second, que les
art. 1377 et 1378 Code Nap., relatifs au paiement
de l'indû sont applicables ici; l'emprunteur ayant

payé ce qu'il ne devait pas, le prêteur ayant reçu ce qui ne lui était pas dû, et l'ayant reçu de mauvaise foi.

La jurisprudence était moins sévère pour les prêteurs; elle n'admettait pas que la compensation s'opérât de plein droit à l'époque des paiements. Il est certain que l'opinion de la doctrine violait ouvertement le texte de l'art. 3 de la loi de 1807 : cet art. porte que la réduction du capital ou la restitution des intérêts excessifs doit être faite en vertu d'une condamnation prononcée par le tribunal saisi de la contestation; c'est-à-dire que la réduction ne s'opère pas de plein droit, mais en vertu d'un jugement rendu à cet effet qui rend la dette liquide et comme telle compensable.

Quant au second cas, la jurisprudence admettait que les intérêts de l'excédant n'étaient pas dûs de plein droit, mais seulement à partir de la demande. La raison en est que le prêteur est fondé à conserver ce qu'il a reçu en vertu de son titre apparent tant qu'il n'y a pas eu demande en justice. La rescision d'une vente entachée de lésion de plus de 7/12 fournissait un argument; l'acheteur coupable de lésion ne doit les intérêts de supplément de prix que du jour de la demande, et s'il préfère garder la chose il conserve néanmoins les fruits et ne restitue que ceux échus depuis la demande (art. 1682 Cod. Nap.). Ensuite le droit commun en matière de paiement de l'indû ne pouvait pas être invoqué ici. L'art. 1377 n'accorde le droit de répétition qu'à celui qui a payé *par erreur*, ce qu'il ne doit pas; c'est même à celui qui prétend avoir payé par erreur à prouver cette erreur. Or la loi de 1807 ne soumet point l'exercice du droit de répétition, à la condi tion que l'erreur du débiteur soit prouvée.

Aujourd'hui la loi de 1850 a tranché la contro- verse et adopté l'opinion de la doctrine: il n'y a plus nécessité de jugement. Art. 1er: « Lorsque dans une instance civile ou commerciale il sera prouvé que le prêt conventionnel a été fait à un taux supé- rieur à celui fixé par la loi, les perceptions excessives seront imputées de *plein droit*, aux époques où elles auront eu lieu, sur les intérêts légaux alors échus et subsidiairement sur le capital de la créance. Si la créance est éteinte en capital et intérêts, le prêteur sera condamné à la restitution des sommes indûment perçues, avec intérêt du jour où elles lui auront été payées. — Tout jugement civil ou commercial cons- tatant un fait de cette nature, sera transmis par le greffier au ministère public dans le délai d'un mois, sous peine d'une amende qui ne pourra être moindre de 16 fr. ni excéder 100 fr. »

Pour qu'un tribunal civil puisse appliquer une peine, il faut une attribution spéciale de la loi: l'art. 7 de la loi de 1850 y a pourvu.

Si le fait d'usure est contesté, par quel mode de preuve pourra-t-on l'établir? La *preuve testimoniale* sera-t-elle admissible? — M. Duranton (t. 17 n° 598) prétend que les termes généraux de l'art. 1341 Code Nap. doivent embrasser même cette hypothèse et qu'il faut se référer aux règles ordinaires de la preuve des obligations. C'est une erreur manifeste: il y a ici deux raisons péremptoires pour admettre la preuve testimoniale. La première, c'est que ce mode de preuve est admissible toutes les fois qu'il n'a pas été possible au créancier de se procurer une preuve littérale: or, la base de la loi de 1807, l'ancien adage, *Debitor servus est fœneratoris*, doit faire admettre qu'il y a eu impossibilité morale pour l'emprunteur de se procurer une preuve par écrit. La seconde raison c'est que l'usure est une fraude faisant cesser toutes les règles (*fraus omnia corrompit*), peut-être dans tous les cas prouvée par témoins.

Bien plus, l'usure pourra être établie par de simples présomptions; car il est de principe que quand la preuve testimoniale est admissible, la preuve par présomption l'est aussi (art. 1353 C. N.).

La partie plaignante pourra donc établir, par toute sorte de moyens, que l'acte, quoiqu'ayant des apparences honnêtes, contient des allégations mensongères et qu'il a été dressé, en réalité, pour échapper aux prohibitions de la loi de 1807; que si, cependant, il s'agissait d'un acte authentique, le demandeur ne pourra en contredire directement les obligations que par une preuve exceptionnelle, l'*inscription de faux* : il sera toutefois admis à prouver, par témoins, que les numérations d'argent, par exemple, faites devant le notaire, n'ont été qu'un vain simulacre destiné à tromper l'officier public, et qu'elles ont été détruites par des actes postérieurs.

L'action de l'emprunteur, soumise à des prestations usuraires, est-elle de nature à être atteinte par la *prescription?* Il faut distinguer :

Si le débiteur demande la nullité du contrat entaché d'usure, son action est imprescriptible. Le créancier qui, pendant plus de trente ans a perçu des
intérêts usuraires n'a pas acquis le droit de les exiger pour l'avenir : le laps de temps ne saurait avoir
l'effet de valider un acte défendu par une loi d'ordre
public. Le créancier opposerait vainement la disposition de l'art. 1304 du Code Nap. au débiteur qui
attaque le contrat usuraire ; cette disposition est fondée sur une présomption de ratification tacite inapplicable ici ; rien ne saurait couvrir une fraude à
la loi.

S'il s'agit d'une demande en restitution des intérêts indûment payés, l'action intentée par le débiteur sera soumise au droit commun en ce qui touche
la prescription et s'éteindra par tente ans.

§ 2.

SANCTION PÉNALE.

Le délit d'usure ne résulte pas d'un fait isolé, mais
d'une série de stipulations supérieures au taux légal,
établissant chez un prêteur l'*habitude* de retirer de
son argent un intérêt supérieur à 5 ou 6 %. L'*habitude* seule a paru au législateur présenter un préjudice social assez grand pour motiver une répression
pénale. Les tribunaux ont ainsi une certaine latitude
d'appréciation. Le projet de loi présenté par M. de
saint Priest, en 1850 avait voulu la leur enlever en
changeant complètement le caractère du délit d'usure

et en le faisant résulter d'un fait isolé de stipulation
usuraire. Quoique décidée à aggraver la pénalité de
la loi de 1807 que l'expérience montrait impuissante
à réprimer l'usure, l'Assemblée législative recula
devant la première partie du projet de loi. Le rapporteur, M. Paillet, essaya de la justifier et voulut
trouver illogique que la loi de 1807 donnat le caractère d'un délit à la réunion de faits ne motivant pas
individuellement de répression :

« Comment, voilà un fait qui apparemment est
innocent, puisque vous ne le punissez pas. Le fait
d'usure, l'usure la plus grave, mais il est isolé : Je
demande comment, parce qu'au lieu d'une fois il y
en aura eu plusieurs, ce fait deviendra un délit. Il y
a là quelque chose d'inconciliable avec la raison et la
bonne foi.

En pratique, la justice ne peut pas suivre un fait
isolé qui souvent est plus grave que deux ou trois
qui auront été recueillis; aussi, a-t-on forcé les ter
mes de la loi pour voir l'habitude dans les renouvel
lements successifs d'un même prêt. »

Le simple fait d'usure, fut-il répondu à M. Paillet,
n'est pas innocent, car il y a une sanction civile
réprimant une fraude; mais on ne doit voir la qu'un
fait individuel lésant plus le particulier que la société. Celle-ci ne se sent menacée que par un concours de faits dénotant chez leur auteur l'habitude
d'usure. Si le caractère du délit était changé, un arbitraire dangereux s'établissait dans la répression, en
sorte que pour envoyer un homme en prison et le
flétrir du nom d'usurier, il suffirait, comme le disait

Turgot : « Qu'il rencontrât un juge peu instruit ou aveuglé par un zèle mal entendu. »

D'ailleurs notre Code pénal présente d'autres exemples de faits qui ne deviennent délits ou crimes que par l'habitude : tels sont l'excitation à la débauche, le fait de donner asile à des malfaiteurs, etc.

Le délit d'usure conserve donc le caractère que lui avait donné la loi de 1807 ; il n'est constitué que par l'habitude. A l'aide de quel principe pourra-t-on reconnaître cette circonstance ? Un fait usuraire, fût-il énorme, ne suffirait pas : deux faits, à mon avis, ne devraient pas suffire, car la récidive n'est pas l'habitude. Au delà, la raison et la conscience des magistrats apprécieront. La loi ne pouvait pas, à ce sujet, prétendre poser des principes certains ou entrer dans des détails que leur insuffisance inévitable eut rendus dangereux.

Une seule chose est à considérer pour caractériser le délit, c'est le *nombre des prêts* : le nombre des emprunteurs et le *quantum* des sommes prêtées importent peu ; l'habitude d'usure pourra résulter d'une série de prêts faits à la même personne, et des prêts portant sur des sommes infimes. Les renouvellements d'un même prêt, ce qui est, comme le disait M. Paillet, forcer les termes de la loi, sont considérés par la jurisprudence comme des prêts nouveaux : on a été même jusqu'à prétendre que l'habitude peut résulter des perceptions successives d'un seul prêt usuraire ; mais cette opinion ne pouvait être admise.

Quel sera le tribunal compétent ? Celui de la résidence du prévenu le sera toujours, il ne saurait y avoir de difficultés, — Quant au tribunal du lieu où le débit a été commis, il faut distinguer : s'il a été commis en divers ressorts des actes usuraires en nombre suffisant pour constituer l'habitude dans chacun d'eux, les tribunaux de tous ces ressorts seront compétents. Aucun ne le sera si les actes usuraires sont disséminés dans assez de ressorts pour qu'il n'y en ait dans aucun d'eux un nombre suffisant pour constituer l'habitude. — Quant à la compétence du tribunal où le prévenu est arrêté, il n'y a lieu de l'appliquer que depuis la loi de 1850. Comme il est de principe qu'il n'y a d'arrestation possible que quand le délit peut entraîner la peine de l'emprisonnement, le cas ne pouvait pas se présenter sous l'empire de la loi de 1807, dont la seule peine était l'amende. La loi nouvelle prononce la peine de l'emprisonnement ; le juge d'instruction aura donc la faculté de décerner un mandat d'amener contre le prévenu qui pourra comparaître devant le tribunal du lieu de son arrestation.

La poursuite du délit d'usure appartient d'office, comme celle de tout autre délit au ministère public. — La partie lésée par *un fait usuraire*, pourrait-elle saisir le tribunal correctionnel par une poursuite directe ? La jurisprudence ne l'admet pas et avec raison. Les tribunaux retentiraient tous les jours de demandes irréfléchies ou inspirées par de mauvais sentiments ; il y aurait un danger social évident à permettre à la rancune d'un débiteur, de traîner son créancier pour un prétendu fait usuraire sur le banc de la police correctionnelle ; ce serait encore laisser une arme dangereuse aux hommes de mauvaise foi, qui feraient escompter à leurs créanciers les craintes de la flétrissure imprimée par l'opinion publique au nom d'usurier. Il y a lieu d'ailleurs, à une action en restitution devant le tribunal civil et l'intérêt de la vengeance pourrait seule inspirer à la partie lésée le désir d'agir pas la voie correctionnelle. Enfin, si les articles 63 et 64 du Code d'instruction criminelle permettent à la partie qui se prétend lésée de porter directement son action devant le tribunal correctionnel, cela ne peut avoir lieu que dans l'hypothèse d'un délit, et le délit d'usure ne résulte pas d'un fait isolé, mais d'un ensemble de faits suffisants pour constituer l'habitude.

Mais je ne saurais suivre l'opinion des arrêts qui refusent le droit d'agir devant le tribunal correctionnel à l'emprunteur, qui invoque dans sa plainte des faits d'usure en nombre suffisant pour constituer l'habitude. Voici les motifs donnés par un arrêt de Paris, du 10 juillet 1840, pour déclarer cette action irrecevable : Attendu « que le préjudice souffert par celui de qui on a exigé des intérêts usuraires, ne résulte pas de l'habitude, fait complexe et moral, mais bien de faits particuliers d'usure à aucun desquels on ne peut donner la qualification de délit, etc..... » Je ne saurais approuver cet arrêt : le législateur n'a pas dû s'écarter de cette idée, qu'il importe de faciliter la poursuite de l'usure : c'est, d'ailleurs, ne pas tenir compte de la généra-

lité des art. 63 et 64 Inst. crim. Toute personne lésée par un délit, quel que soit le caractère de ce délit, délit simple, délit d'habitude, peut porter directement son action devant le tribunal correctionnel.
La jurisprudence admet que l'habitude d'usure peut
résulter de plusieurs prêts faits à la même personne :
ici le préjudice résulte a de plusieurs prêts, et par
conséquent du délit. Il faudra donc déclarer l'emprunteur recevable à poursuivre son prêteur usurier d'habitude. Les dangers que j'ai signalés dans le
premier cas ne sont pas ici à craindre ; la statistique
criminelle atteste même, que l'action du ministère
public, n'est que rarement sollicitée par les prêteurs
victimes de plusieurs faits usuraires : la preuve en
est dans le tableau suivant des condamnations prononcées en France de 1832 à 1837 pour le délit
d'habitude d'usure :

Années.	Poursuites.	A la demande des parties.	Acquittements.	Circonstances atténuantes.
1852	161	4	37	75
1853	186	3	30	70
1854	238	1	12	109
1855	181	15	36	81
1856	153	1	29	73

La distinction entre les deux cas, de lésion par un
fait isolé d'usure, et de lésion subie par la même
personne par des faits usuraires en nombre suffisant
pour constituer l'habitude, me paraît très-bien aper-
çue par le jugement suivant du tribunal de Paris, du
18 janvier 1839 :

« Attendu que la juridiction correctionnelle n'a
compétence, pour apprécier les demandes en répres-

14

sion civile, qu'au cas où les réparations sont deman-
dées à raison d'un fait de nature à constituer à lui
seul un délit.

Attendu que le délit d'habitude d'usure est complexe et se compose de faits successifs dont chacun
est à lui seul impuissant à constituer le délit même :

Qu'il suit que la partie lésée par le fait *isolé* de perception d'intérêts à un taux supérieur au taux légal,
ne peut légalement saisir de sa plainte les tribunaux
correctionnels, puisque le fait dénoncé n'est point
un délit constitué.

Que ces principes qu'avait posés une jurisprudence constante son empire de la loi de 1807, ont
été consacrés par la discussion qui a précédé le vote
de la loi de 1850, et que les motifs tirés des dangers
que présenterait pour les transactions des citoyens le
droit accordé à tout emprunteur de traîner, comme
usurier, son prêteur devant la justice criminelle
existent après le vote de la loi de 1850 comme ils
existaient avant.

Attendu que dans l'espèce on n'aurait à imputer
qu'un *seul fait* de perception d'intérêts extra-légaux,
que ce fait n'est pas un délit, etc. »

Le jugement rappelle la discussion de la loi
de 1850. Voici en quoi : j'ai dit que le projet voulait changer complètement le caractère du délit d'u-
sure et le faire résulter même d'un fait unique de
stipulation usuraire. Dès-lors l'emprunteur lésé par
un seul fait aurait été recevable à agir directement
devant le tribunal correctionnel. Mais devant les
dangers que l'exercice de ce droit eût présenté, un

article spécial l'avait enlevé à la partie lésée pour
le réserver au ministère public. C'est une preuve que
le délit d'usure n'étant pas excepté par une loi doit
rester sous l'empire du principe général des arti-
63, 64 justi. crim.

Les règles de la prescription pour un délit d'habitude sont celles de l'art. 638 Justi. crim., lorsque
la loi n'en a pas établi de spéciales. La loi de 1850
n'a statué sur la prescription du délit d'usure, que
dans le cas de récidive : le délai de la prescription du délit ordinaire, non récidivé sera donc
celui du droit commun, trois ans. Ici il semble-
rait que le délit étant constitué par plusieurs actes
usuraires, c'est vis-à-vis de chacun de ces éléments qu'il faut calculer le délai de la prescription,
de sorte qu'un acte usuraire antérieur de 3 ans à
la poursuite ne pourrait servir de base à l'incrimina-
tion. Telle n'est pas la doctrine de la Cour de cassation. La prescription porte sur un délit d'habitude :
ce n'est donc pas chaque acte usuraire en particulier
qui se prescrit, si non une personne pourrait faire
tous tous les deux ans (puisqu'il est admis que la récidive n'est pas l'habitude) un prêt avec une usure
énorme, sans tomber sous le coup de la loi. Supposons, en effet, plusieurs prêts successifs échelonnés à
l'intervalle de deux années, il n'y en aura jamais
que deux en dehors de la prescription.

Donner cette facilité à l'usurier, ce n'est pas entrer dans le vœu de la loi, et voici comment la
prescription doit être appliquée : elle est acquise ; le
passé est complétement purgé, si depuis trois ans

aucun acte usuraire n'a eu lieu ; que si un nouvel
acte usuraire se produit avant l'expiration du délai ;
le délit d'habitude, délit complexe, dont cet acte
usuraire est un des éléments constitutifs, revivra tout
entier ; on pourra alors relever contre l'usurier tous
les actes usuraires, fussent-ils antérieurs de plus de
trois ans au dernier, pourvu qu'il n'y ait pas entre
eux la solution d'une continuité de trois années qui
est nécessaire pour la prescription.

La Cour de cassation a consacré cette doctrine par
de nombreux arrêts :

« Attendu que chacun des actes usuraires ne
forme qu'un des éléments de la réunion desquels résulte le délit d'habitude d'usure ; que dès lors aucun
de ces faits ne peut être soumis à la prescription,
qui n'est applicable qu'au délit constitué par le fait
complexe d'habitude d'usure ; qu'ainsi ceux d'entre
les faits usuraires qui seraient antérieurs de plus de
trois ans aux premières poursuites, peuvent être
réunis aux faits postérieurs auxquels ils se rattachent, soit pour constituer le délit d'habitude d'usure,
soit pour évaluer l'amende dont ce délit est passible. »
(Arrêt du 13 juin 1821).

« Et alors qu'un certain nombre de ces faits qui
ne sont que les éléments multiples du délit seraient
antérieurs de plus de 3 ans, ils ne seraient pas cou-
verts par la prescription ; tous doivent être pris en
considération, soit pour rechercher l'habitude, soit
pour déterminer le chiffre des sommes prêtées. »
(Arrêt du 19 juillet 1834).

Quel sera le point de départ du délai de 3 ans?
la jurisprudence et une partie de la doctrine ne le
font courir qu'à partir du dernier payements d'intérêts usuraires. Je n'admets pas cette opinion. C'est à
partir de la consommation du dernier acte délictueux que la prescription doit courir : Or, ici le fait
délictueux c'est le prêt usuraire et non la prestation
des intérêts; c'est le prêt seul qui est punissable, (la
loi ne parle que du prêt, des capitaux prêtés). Dès
que le prêt a eu lieu, dès que les consentements ont
été échangés et les numérations faites, dès que soit
par l'apposition de la signature au bas d'un billet,
soit par tout autre moyen le prêteur a un titre obli-
geant l'emprunteur, le fait délictueux existe et la
prescription peut courir. Autre chose est le prêt,
autre chose la prestation usuraire : la seconde n'est
que l'effet, une suite du fait punissable.

La pénalité diffère suivant que le d-lit est pur et
simple ou compliqué de la circonstance aggravante
de l'escroquerie.

1° Dans le premier cas, la loi de 1850 a considéra-
blement augmenté la pénalité de celle de 1807. La
seule peine était l'amende; on avait vu dans une
peine pécuniaire la répression la plus sensible à l'u-
surier. La loi de 1850 ajoute à l'amende la peine
d'un emprisonnement de six jours à six mois
(art. 2).

Le maximum de l'amende est fixé à *la moitié des
capitaux prêtés*. C'est le corps du délit, l'instrument
employé en vue d'usure qui est à considérer. La doctrine en conclut que dans le cas de plusieurs renou-

vellements du même prêt, quoique regardés comme des prêts nouveaux pour en conclure l'habitude d'usure, la condamnation ne devra calculer l'amende que sur le capital du premier prêt, car le capital mis en œuvre par l'usurier est le même, son identité est constante. Telle n'est pas l'opinion de la jurisprudence. Néanmoins s'il s'agit de prêts usuraires successivement faits à des emprunteurs différents, il ne servirait à rien à l'usurier de prétendre que c'est la même somme qui a été après remboursement mise en œuvre dans les prêts successifs : en vain la concordance des dates donnerait une présomption de sincérité à son allégation : il régnera toujours des doutes sur l'identité des capitaux et l'amende devra être calculée cumulativement sur le *quantuum* de tous les prêts; les termes de la loi imposent cette décision rigoureuse.

La jurisprudence avait admis un instant que si après une condamnation pour habitude d'usure il en intervenait une seconde, les prêts omis dans la première pourraient, alors même qu'ils auraient été atteints par la prescription, être pris en considération pour calculer le *quantum* de l'amende. Mais la jurisprudence n'a point persisté dans cette opinion qui était une erreur manifeste. Une condamnation liquide tous les actes usuraires antérieurs, éléments du délit d'habitude qui a obtenu sa répression; cela a lieu quand même quelques actes usuraires auraient échappé à l'œil du tribunal.

S'il y a plusieurs complices il y aura lieu d'appliquer une amende contre chacun d'eux. Il faut, bien entendu, que le complice ait pris part à une série de prêts suffisante pour constituer l'habitude à son égard ; le calcul de l'amende aura lieu d'après les prêts auxquels il a concouru.

Il est nécessaire que le jugement de condamnation énonce le chiffre de la somme prêtée : l'absence de cette énonciation serait une cause de cassation, car il doit apparaître que le tribunal n'a pas excédé le *maximum* de l'amende. On a même été jusqu'à décider qu'il est nécessaire quand les prêts ont porté sur des sommes différentes, que le jugement en contienne la mention détaillée.

L'art. 0 de la loi de 1850 autorise l'application de la disposition de l'art. 463 Code pénal : Le juge pourra appliquer l'emprisonnement seul ou l'amende seule, et même faire descendre cette dernière jusqu'à un franc. Que s'il n'existe pas de circonstances atténuantes, les deux peines devront être appliquées cumulativement.

2° Le délit d'usure est accompagné *d'escroquerie*.

Art. 4. Loi de 1850. « S'il y a eu escroquerie de la part du prêteur, il sera passible des peines prononcées par l'art. 405 C. pénal, sauf l'amende, qui demeurera réglée par l'art. 2 de la présente loi. »

Cette disposition contient une dérogation remarquable au droit commun. En cas de conviction de plusieurs délits il est de principe, aux termes de l'art. 365, § 2, Inst. crim., que la peine la plus forte doit seule être appliquée. Dans l'hypothèse, les seules peines applicables seraient celles de l'art. 405 du Code pénal contre l'escroquerie, l'emprisonnement de un à cinq ans, et l'amende de cinquante à trois mille francs. Tel n'est pas le système de la loi nouvelle : elle renvoie à l'art. 405 C. pénal pour la durée de l'emprisonnement, et le *quantum* de l'amende sera celui de la loi sur l'usure ; l'amende pourra atteindre la moitié des capitaux prêtés. En dehors de ce cas spécialement prévu par la loi nouvelle, le principe de l'art. 365, Just. crim. redeviendrait applicable ; ainsi, si le prévenu était coupable à la fois d'usure et d'abus de confiance, la peine la plus forte devrait seule être prononcée.

La promulgation de la nouvelle loi sur l'usure, en 1850, a fait cesser les débats sur une question vivement discutée. En 1807, notre Code Pénal n'existait pas encore, et il fallait remonter à l'art. 35 de la loi de 1791 pour trouver la définition de l'escroquerie, quand trois ans après le Code Pénal fut promulgué et abrogea la loi de 1791 ; ne fallait-il pas cependant, pour caractériser l'escroquerie, accompagnant l'usure, continuer à remonter à la loi abrogée ? Cette loi donnait de l'escroquerie une définition moins restreinte que celle du Code Pénal. La question se débattait encore en 1830.

L'art. 5 permet aux tribunaux d'ordonner pour porter la condamnation à la connaissance du public ; l'affiche du jugement et son insertion par extrait, dans un ou plusieurs journaux du département, le tout aux frais du délinquant.

Voici les dispositions de la nouvelle loi relatives à la *récidive* :

Art. 3 , § 1. « En cas de nouveau délit d'usure, le coupable sera condamné au maximum des peines prononcées par l'article précédent (0 mois de prison et amende de la moitié des capitaux prêtés), et elles pourront être élevées jusqu'au double , sans préjudice des cas généraux de récidive prévus par les art. 57 et 58 du Code Pénal. » Ainsi , la durée de l'emprisonnement pourra être élevée jusqu'à un an et la quotité de l'amende jusqu'au chiffre des capitaux prêtés dans les trois cas qui suivent :

1° Lorsque le prévenu aura été déjà condamné pour usure; 2° pour crime (art. 57 , Code Pénal), ou 3° à un an d'emprisonnement pour délit (art. 58, Code Pénal).

Le § 2 de l'art. 3 contient une disposition dérogatoire aux règles du droit commun sur la récidive des délits d'habitude :

§ 2. « Après une première condamnation pour habitude d'usure, le nouveau délit résultera d'un fait postérieur même unique , s'il est accompli dans les cinq ans à partir du jugement ou de l'arrêt de condamnation. »

Le délit d'usure résultant de l'habitude, il aurait fallu, de droit commun, pour que la poursuite pût être exercée de nouveau, que des faits usuraires en nombre suffisant, pour constituer l'habitude, eussent été relevés depuis la première condamnation qui a purgé tous les précédents. Par dérogation à cette règle, la récidive résultera d'un fait isolé d'usure commis dans les cinq premières années de la condamnation. C'est une trace de

la partie repoussée du projet de la loi qui voulait
ériger en délit le fait isolé d'usure. Vainement,
M. Paillet taxa d'inconséquence l'assemblée qui,
venant de déclarer que le délit d'usure n'existait qu'à
la condition de l'habitude, devait exiger aussi l'habitude pour constituer la récidive: — «une première
condamnation subsiste comme élément moral dans
l'application de la peine à laquelle le coupable
pourra s'exposer ultérieurement : mais dans quelle
hypothèse pourra-t-il encourir une peine nouvelle ?
C'est manifestement dans les conditions normales
du délit d'usure. « L'assemblée voulut voir, dans
le fait isolé, la confirmation de l'habitude ; elle
repoussa même un amendement qui proposait de
laisser aux tribunaux un pouvoir appréciateur à cet
égard.

Les prêts usuraires antérieurs à la promulgation
de la loi de 1850, devront être évidemment répri-
més par la pénalité de la loi de 1807 : il importe
peu que les prestations usuraires soient postérieures. La
Cour de cassation a évidemment violé le principe de
la non-rétroactivité des lois en décidant, le 23 décembre 1853, que « la peine de l'emprisonnement,
édictée par la loi de 1850 contre le délit d'habitude
d'usure, est applicable au cas de perceptions usuraires postérieures à cette loi, quoique le prêt en vertu
duquel elles ont eu lieu soit antérieur. »
La Cour ne pouvait pas persister dans cette jurisprudence ; elle l'a abandonnée formellement par un
arrêt du 11 mars 1856, décidant que l'art. 7 de la
loi de 1850 était inapplicable au cas d'un contrat de

compte-courant antérieur, même quand il n'aurait cessé que postérieurement, parce que ce n'était que l'exécution de conventions antérieures.

La cour de Cassation me paraît cependant dans le vrai quand elle a décidé, le 19 juillet 1834, au sujet du renouvellement d'un même prêt, qu'il suffit qu'un seul des faits qui servent à constituer le délit se fût accompli sous la loi de 1830 pour que le délit lui-même ne fût consommé qu'alors.

IV.

Du prêt à la grosse.

C'est le *nanticum fœnus* des Romains, une espèce de prêt dont le caractère distinctif est que si les choses affectées au prêt viennent à périr par fortune de mer, l'emprunteur est libéré; si, au contraire, elles arrivent à bon port, le prêteur peut réclamer son capital et, en outre, une somme, à titre de *profit maritime*. Ce contrat, dit Valin, « est appelé *à la grosse aventure*, ou *à la grosse*, par abréviation, parce que le prêteur, courant le risque de perdre la somme, il la met effectivement à l'aventure. »

C'est un contrat essentiellement *aléatoire*; si les choses affectées au prêt échappent aux risques de la mer, le *donneur* recevra, outre son capital, une somme convenue; si les choses viennent à périr, il n'aura rien à réclamer, pas même le capital prêté. Il y a donc pour lui chance de gain ou perte, et c'est le caractère des contrats aléatoires qu'il y ait chance de gain ou de perte pour l'une au moins des parties (art. 1964 Cod. Nap.).

Le *profit maritime* n'est point restreint au taux déterminé par la loi de 1807 pour l'intérêt commercial; les parties le fixent à leur gré : l'aléa de la convention empêche que la réduction puisse jamais être demandée pour cause d'excès.

Les autres caractères du contrat à la grosse sont d'être : *réel* ; il ne produit ses effets spéciaux que lorsque l'emprunteur a reçu la somme ; M. Bravard l'appelle encore réel, en ce sens que l'action du prêteur est subordonnée à l'existence des choses sur lesquelles le prêt a été fait — *unilatéral*, car il n'oblige qu'une seule des parties, l'emprunteur : le prêteur qui a compté la somme convenue n'est plus tenu à rien : *à titre onéreux*, car il est dans l'intérêt des deux parties : *De droit strict* ; les principes sont de rigueur ; la bonne foi ne saurait les modifier. Si la chose n'existait pas ou n'existait plus au moment de la convention, il n'y aurait pas contrat, alors même que les parties l'auraient crue existante. *Du droit des gens* ; il peut intervenir entre parties de toutes les nations.

Les conditions exigées pour la validité du prêt à la grosse sont les suivantes :

1° *Le consentement des parties.* Si le navire appartient indivisément à plusieurs, la majorité en intérêts ou en sommes fait loi, et par consentement suffit.

2° *La capacité des parties.* L'emprunteur aussi bien que le prêteur doit avoir la capacité de s'obliger com-

mercialement; car l'art. 633 5° Cod. com. réputé
acte de commerce tout emprunt ou prêt à la grosse.
L'emprunteur doit avoir un intérêt dans le navire ou
le chargement ; sans cela, il y aurait *pari* et non un
contrat destiné à garantir l'emprunteur contre des
chances de perte.

En principe, le droit d'emprunter à la grosse sur
un navire ne peut appartenir qu'au propriétaire,
car la convention produit une *affectation réelle* de la
chose à la sûreté du prêteur.

La règle : en fait de meubles, la possession sans
titre ne s'applique pas aux navires. Ainsi, le locateur d'un navire ne peut l'affecter à un prêt à la
grosse ; le prêteur qui n'aurait pas pris la précaution
de se faire représenter le titre de l'emprunteur n'ac-
querrait aucun droit.

Des copropriétaires d'un navire peuvent se faire
autoriser à emprunter à la grosse sur la part de celui
ou de ceux qui seraient en retard de fournir le con-
tingent nécessaire aux réparations ou armements du
navire.

Le *capitaine* peut, pendant le cours d'un voyage,
emprunter à la grosse (234 Cod. com.) pour sub-
venir à de pressantes nécessités et en se faisant autoriser par le magistrat du lieu où par le chancelier
du consulat ; l'intérêt et les besoins de la navigation
motivent cette exception à la règle.

Mais le capitaine ne pourrait, dans le lieu de la
demeure des propriétaires du navire ou de leurs
fondés de pouvoir, emprunter sans leur autorisation
spéciale (art. 232 Cod. com.) donnée en forme au-

'hentique ou avec leur intervention dans l'acte. Si le capitaine empruntait sans ces formes, le prêteur n'aurait action et privilége (art. 321, 322 Cod. com.) que sur la portion que le capitaine peut avoir dans le navire et dans le fret.

Cependant le capitaine a le droit, même dans le lieu de la demeure des propriétaires, quand quelques-uns refusent de contribuer aux frais nécessaires pour expédier le navire, d'emprunter à la grosse avec autorisation du juge sur leur part d'intérêt dans le navire (art. 233 Cod. com.), et les parts de ces propriétaires sont valablement affectées aux sommes empruntées.

3° *Un capital prêté.* Ce peut être non-seulement de l'argent, mais toute espèce de choses appréciables; dans l'usage, on ne donne la grosse que de l'argent. L'emprunteur peut recevoir des denrées ou marchandises qu'il convertit en argent; mais, dans la réalité, ce sont moins ces choses que leur prix qui fait l'objet du contrat. Il faut toujours que les choses données soient de nature à se consommer, ou du moins que la convention donne à l'emprunteur le droit d'en disposer, sans être tenu de les rendre en nature; sinon, ce serait plutôt un louage à la grosse qu'un prêt, puisque l'emprunteur ne deviendrait pas propriétaire de la chose prêtée.

4° *Des choses affectées à l'emprunt.* Tout ce qui étant estimable à prix d'argent et susceptible d'être l'objet d'une transaction commerciale, court le danger de périr ou de se détériorer en tout ou en parties par risques de mer, peut être l'objet d'un prêt à la grosse. Il faut que les choses soient *vénales*, car le contrat produit une affectation réelle des choses sur lesquelles on emprunte; ainsi, la vie ou la liberté, choses inaliénables, ne peuvent être l'objet d'un prêt à la grosse.

On peut emprunter à la grosse sur *le corps et quille* du navire; sur *les agrès et apparaux*, c'est-à-dire les mâts, voiles, cordages, vergues, poulies et autres ustensiles du navire; *sur l'armement*, et qui comprend les canons, armes, munitions de guerre, les avances faites à l'équipage, et tous les frais faits jusqu'au départ; *sur les victuailles*, sur *le chargement:* ce dernier prêt s'appelle *prêt sur facultés.*

L'emprunt peut avoir lieu sur la totalité des objets énumérés, conjointement ou séparément, ou sur une partie déterminée de chacun d'eux.

On ne peut emprunter que sur des choses qu'on court risque de perdre; si elles étaient déjà garanties par un contrat d'assurances, elles ne pourraient être affectées à un prêt à la grosse : cependant si des marchandises déjà assurées avaient une valeur supérieure à la somme pour laquelle l'assurance a été faite, l'excédant de leur valeur pourrait être l'objet d'un prêt à la grosse.

On ne peut pas emprunter sur des choses qui n'ont pas actuellement d'existence. Ainsi un armateur ne peut emprunter sur le *fret à faire*, ni un marchand sur *le profit espéré des marchandises* (ar. 318, cod, com.). L'emprunteur ne courrait pas les risques de perdre ces choses, car il ne les a pas encore acquises, et le prêteur serait à sa discrétion car il peut suivant son caprice, les acquérir ou ne pas les acquérir. Le prêt qui serait ainsi fait serait affecté de

nullité; en conséquence, l'emprunteur serait tenu
même en cas de sinistre, de rendre la somme prêtée : le prêteur qui n'a couru aucun risque ne pourrait en cas d'arrivée à bon port, demander le profit
maritime, et les intérêts ne lui seraient dûs qu'à partir de la demande en justice.

Par la même raison, défense est faite aux gens de
mer d'emprunter sur leurs *loyers et voyages* (art. 319,
Cod., com.). Les loyers sont éventuels et ne sont
pas encore acquis : il faut ensuite intéresser les ma-
telots à la conservation du navire.

5° *Des risques courus.* — Il est de l'essence du
prêt à la grosse que le prêteur coure le risque des
choses affectées au prêt : sans cela le prêt n'aurait
que les effets des prêts ordinaires — il en serait de
même si les effets affectés au prêt n'avaient pas en
réalité couru de risques.

Les risques dont répond le prêteur sous tous les
cas *fortuits maritimes* par l'effet desquels les objets
affectés à l'emprunt sont perdus ou détériorés. Les
risques terrestres ne sauraient être à la charge du
prêteur : Ainsi, il ne répondrait pas du pillage ou
de l'incendie des objets déchargés sur le quai. Il
ne répondrait pas non plus de la perte provenant
du vice propre de la chose, ni de la perte causée
par le fait de l'emprunteur, si, par exemple, les
marchandises ont été confisquées pour cause de
contrebande (art. 326, Cod. com.).

Si la Convention ne détermine pas le temps des
risques, ils sont supportés par le prêteur à la grosse,
savoir (art. 38),

A l'égard du navire, des agrès, apparaux, armements et victuailles, du jour que le navire a fait voile jusqu'au jour où il est ancré ou amarré au port du lieu de sa destination.

Et à l'égard des marchandises, du jour qu'elles ont été chargées sur le navire ou dans des gabarres pour être portées au navire jusqu'au jour où elles sont délivrées sur le quai.

Lorsqu'un prêt a été fait sur *tel* navire, ou qu'il a eu pour objet des marchandises qu'on annonçait chargées sur *tel* navire, le prêteur n'est censé avoir voulu se charger, et n'est en conséquence tenu que des risques sur les objets affectés à l'emprunt courront sur le navire désigné individuellement. L'emprunteur ne peut, de sa seule volonté, substituer un autre navire fut-il aussi bon, et à moins que les marchandises n'aient été chargées sur un navire différent, par un cas de force majeure, le prêteur n'en supporterait pas la perte, même arrivée par cas fortuit (art. 324 Cod. com.)

Il en est de même si le navire changeait de lieu de destination, ou sans nécessité, prenait une route autre que la route convenue.

6° *Un profit maritime convenu.* C'est le prix des risques dont le prêteur s'est chargé. Le prêt à la grosse qui ne contiendrait pas de profit maritime et qui permettrait cependant à l'emprunteur de ne pas rembourser en cas de sinistre, serait une sorte de donation mêlée d'une clause aléatoire.

Le profit maritime peut consister, soit en une somme fixe pour toute l'expédition, soit en une certaine

13

somme par mois. Les parties peuvent stipuler que le profit sera variable, c'est-à-dire croissant ou décroissant selon la durée du voyage, qu'il sera augmentée en cas de survenance de guerre ou diminuer en cas de cessation des hostilités.

L'objet du prêt à la gerre étant d'assurer au prêteur un droit de préférence sur les objets affectés au prêt, les formalités qui ont pour but de faire connaître aux tiers l'existence de l'affectation, doivent être régulièrement observées.

Le contrat doit être passé par devant un officier public (notaire ou chancelier de consulat) ou du moins être fait sous signature privée (art. 311, Cod. com.)

Le prêt qu'on alléguerait avoir été consenti verbalement, ne pourrait, en cas de dénégation, être prouvé par témoins.

L'écriture est-elle essentielle à l'existence du contrat? Quelques auteurs le pensent et argumentent des termes de l'art. 311, qui semblent très-impératifs ou s'accorde généralement à penser que l'écrit n'est pas une condition substantielle; mais comme le prêt fait verbalement ne pourrait être enregistré, il serait sans effet à l'égard des tiers à qui le prêteur ne pourrait opposer son privilège.

Le contrat de prêt à la grosse fait en France, doit être enregistré dans les dix jours de sa date (art. 312 Code civil) au greffe du tribunal de commerce; à peine pour le prêteur de perdre son privilège. Cette formalité est destinée à prévenir les

fraudes que pourrait commettre un négociant do
mauvaise foi en souscrivant, à l'approche de sa faillite, des billets à la grosse simulés ou antidatés : les
créanciers légitimes pourraient sans cela perdre
leurs privilèges, et être primés par des complices
de la fraude du failli.

L'acte de prêt à la grosse peut être fait à *ordre*
et le prêteur peut le négocier par la voie de l'endos
sement (art. 313, 311 Cod. com.). Cette négocia-
tion a les mêmes effets et produit les mêmes actions
en garantie que celle des autres effets de commerce.
Le cessionnaire acquiert la créance sous les chances et conditions qui lui sont inhérentes. Si l'emprunteur ne satisfait pas à ses obligations, le cessionnaire pourra recourir contre son cédant ; il devra
exiger son paiement à l'échéance ou faire protêt le
lendemain. Si l'époque du remboursement est indé-
terminée, si le prêt est fait pour un voyage jusqu'à
telle *hauteur* en mer, le porteur ne pourra connaître
l'évènement de sa résiliation : il exigera le paiement
ou protestera dès qu'il sera instruit de l'évènement.

Le contrat à la grosse peut être *au porteur*, et
exigible par la simple tradition.

Le cessionnaire ne peut agir en garantie contre le
cédant, que jusqu'à concurrence du capital prêté :
la garantie ne s'étendra pas au profit maritime, à
moins de conventions contraires. Le cédant ne doit
que l'intérêt ordinaire du capital à compter du jour
du protêt, les frais légitimes et leurs intérêts, ainsi
que le rechange.

L'acte qui contient le prêt à la grosse doit énoncer :

1° Les noms du prêteur et de l'emprunteur ;

2° Ceux du navire et du capitaine ;

3° Le voyage ou le temps pour lequel le prêt est fait ;

4° Le capital prêté ;

5° La somme convenue pour le profit maritime ;

6° Les objets pour lesquels le prêt est affecté ;

7° Enfin, l'époque du remboursement.

L'exigibilité du remboursement et du paiement du profit maritime n'a lieu que sous la condition qu'il ne surviendra pas quelque cas fortuit maritime qui causera la perte des effets affectés au prêt. Le prêteur n'est qu'un créancier conditionnel ; c'est à lui de prouver que la condition est accomplie.

Si les objets ont subi des détériorations par cas fortuit, le prêteur doit supporter une perte proportionnée à leur détérioration ; s'ils ont essuyé un dommage qui les a réduits à la moitié de leur valeur, le prêteur ne peut exiger que la moitié de la somme prêtée (art. 327 Cod. com.). — En cas de naufrage, le paiement des sommes empruntées est réduit à la valeur des effets sauvés, déduction faite des frais de sauvetage.

Le prêteur supporte les avaries communes et même les avaries simples ; sauf, pour ces dernières, convention contraire (art. 330 Cod. com.).

Si la chose avait péri par le fait de l'emprunteur, il en subirait la perte : il devrait même être condamné au paiement du capital et du profit maritime, en vertu du principe qu'une condition est réputée accomplie lorsque c'est la personne obligée sous cette condition qui en a empêché l'accomplissement.

Le prêteur a pour sûreté du paiement du capital, prêté et du profit maritime, un privilége ainsi qu'il suit (Art. 320 Cod. com.)

Lorsque le prêt est fait sur le corps et qu'elle du navire, le privilége s'exerce sur le navire, les agrès, apparaux, armements et même le prêt acquis: lorsque le prêt est fait sur le chargement, le privilége s'exerce sur la cargaison même.

Si c'est sur un objet particulier du navire ou chargement que l'emprunt a été fait, le privilége s'exerce seulement sur l'objet affecté, et dans la proposition pour laquelle l'affectation a eu lieu. S'il y a eu plusieurs emprunts successifs sur le même objet, le *dernier* est toujours préféré, car il a contribué à fournir le gage commun. L'emprunt fait pour le dernier voyage est préféré à celui qui est fait pour un précédent, quad même il auroit été dit, lors du second voyage que les sommes prêtées pour le premier étaient laissés par continuation ou renouvellement (Art. 323, Cod. com.)

POSITIONS.

DROIT ROMAIN.

I. Le taux de l'intérêt de la loi des XII tables, l'*unciarium fœnus*, est le dernier douze (8 1/3 °/°).

II. L'exception du sénatus-consulte Macédonien laissait subsister l'obligation naturelle.

III. Faut-il voir un *dépôt* ou un *mutuum* dans l'hypothèse de la loi 24 Dig. *Mandati?*

IV. La prestation des intérêts faite *longo tempore* faisait présumer l'existence de la dette des intérêts et même de celle du capital.

V. La *Litis contestatio* n'arrêtait pas le cours des intérêts.

VI. Avant Justinien, la *computatio dupli* se faisait seulement par les intérêts accumulés sans paiement, et l'on n'y tenait pas compte des intérêts payés aux échéances.

VII. L'action résultant du *nauticum fœnus* était une condictio et non une action *præscriptis verbis*.

VIII. Si l'emprunteur à la grosse ne suivait pas la direction convenue, le risque cessait d'être à la charge du prêteur. (Loi 122 § 1. *de verb. obl.*).

DROIT CIVIL FRANÇAIS.

I. Le prêt fait *a non domino* est-il nul dans tous les cas?

II. On ne peut pas d'avance stipuler *l'anatocisme* pour une année quand elle sera échue et non payée.

III. La loi de 1807 ne s'applique pas au prêt de denrées.

IV. Si le contrat de prêt à intérêt est réel et unilatéral, le contrat de constitution de rente à titre onéreux est consensuel et synallagmatique.

V. La résolution forcée des art. 1912, § 1 et § 2, et 1913 Code Nap n'atteint que les rentes constituées à titre onéreux et non les rentes constituées à titre gratuit.

VI. La rente viagère renferme, comme la rente perpétuelle, la créance d'un capital et non pas seulement une créance d'arrérages.

VII. Un contrat est-il aléatoire quand même la chance de gain ou de perte n'existerait que pour l'une des parties?

VIII. La rente sur l'État est remboursable à la volonté de l'État, aussi bien que les rentes constituées par les particuliers.

ANCIEN DROIT FRANÇAIS.

I. Ce n'est pas dans le droit Romain qu'il faut chercher l'origine du contrat de constitution de rente.

II. La clause d'assignat n'était pas essentielle au contrat de constitution.

III. Quelles étaient les clauses les plus usitées dans ce contrat sous les coutumes de Paris et d'Orléans?

IV. Le droit canonique condamnait non seulement les excès de l'usure, mais tout intérêt perçu en vertu du prêt; et ses prohibitions s'étendirent aux laïques comme aux clercs.

DROIT COMMERCIAL.

I. La loi de 1807 régit l'escompte comme le simple prêt.

II. Elle régit aussi le droit de commission.

III. L'écrit est-il une condition substantielle de la validité du prêt à la grosse?

IV. Dans quel cas y a-t-il lieu à ristourne et quels en sont les effets dans le prêt à la grosse et le contrat d'assurance maritime?

DROIT CRIMINEL.

I. La partie lésée par un nombre de faits usuraires suffisant pour constituer le délit d'habitude d'usure peut-elle citer directement l'auteur de ces faits devant le tribunal correctionnel?

II. On ne peut établir le délit d'usure en rattachant à un fait isolé des faits usuraires antérieurs, séparés de la poursuite par une période de plus de trois années, pendant laquelle il n'est relevé aucun fait nouveau.

III. La prescription établie par le Code d'instruction criminelle doit-elle être appliquée à l'action civile lorsque cette action est portée devant les tribunaux civils?

La présente thèse sera soutenue en séance publique le 13 août 1861 dans une des salles de la Faculté de droit de Toulouse.

Vu par le Président,
MOLINIER.

Vu par le Doyen de la Faculté,
DELPECH.

Vu et permis d'imprimer :
Le Conseiller honoraire à la Cour de cassation,
Recteur de l'Académie,
ROCHER.

TABLE.

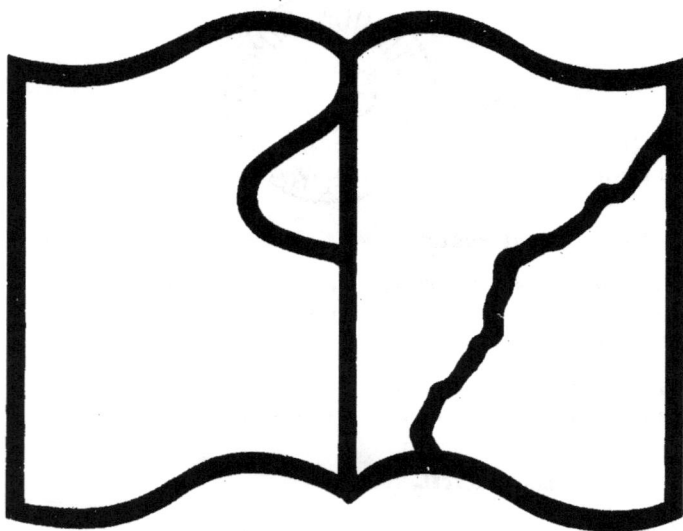

Texte détérioré — reliure défectueuse

NF Z 43-120-11

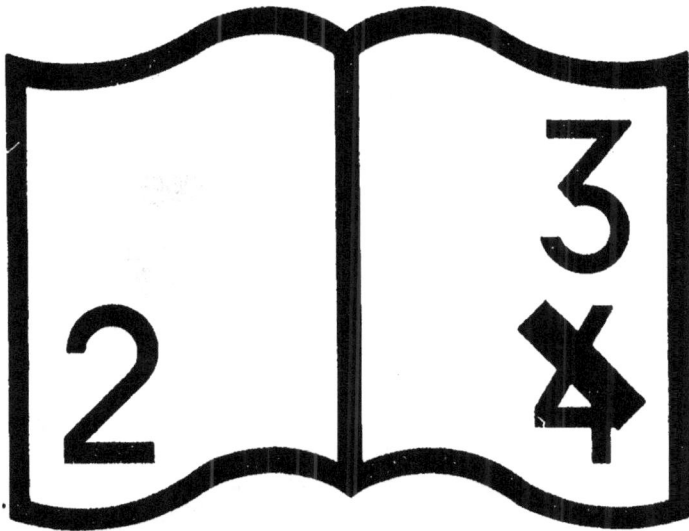

Pagination incorrecte — date incorrecte

NF Z 43-120-12

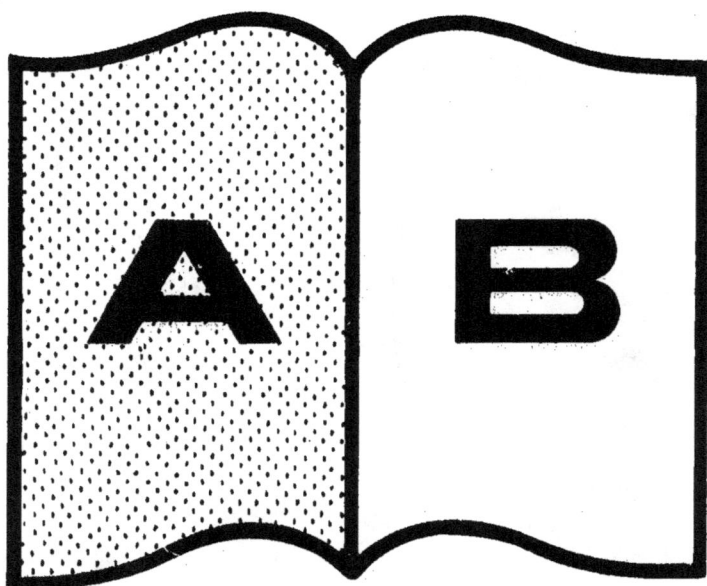

Contraste insuffisant

NF Z 43-120-14